REPRESENTATIVIDADE SINDICAL NO MODELO BRASILEIRO
crise e efetividade

Rachel Verlengia

Mestre em Direito do Trabalho, Especialista em Direito do Trabalho pela Pontifícia Universidade Católica de Campinas - PUC-CAMPINAS e em Direito Civil e Processual Civil pela Escola Superior de Advocacia da OAB/SP, exerceu o cargo de Secretária Geral da 4ª Subseção da OAB-SP, Rio Claro-SP, entre 2004 e 2006, exerce o cargo de Coordenadora da Escola Superior de Advocacia da OAB - Núcleo Rio Claro, desde o ano de 2003, advogada militante.

REPRESENTATIVIDADE SINDICAL NO MODELO BRASILEIRO

crise e efetividade

EDITORA LTDA.
© Todos os direitos reservados

Rua Jaguaribe, 571
CEP 01224-001
São Paulo, SP — Brasil
Fone (11) 2167-1101

Produção Gráfica e Editoração Eletrônica: Estúdio DDR Comunicação Ltda.
Projeto de Capa: Fabio Giglio
Impressão: AM Produções Gráficas
LTr 4372.3
Junho, 2011

Visite nosso site:
www.ltr.com.br

Dados Internacionais de Catalogação na Publicação (CIP)
(Câmara Brasileira do Livro, SP, Brasil)

Verlengia, Rachel
Representatividade sindical no modelo brasileiro : crise e efetividade / Rachel Verlengia. — São Paulo: LTr, 2011.

Bibliografia
ISBN 978-85-361-1759-1

1. Representatividade sindical I. Título.

11-04677   CDU-34:331.881(81)

Índices para catálogo sistemático:

1. Brasil : Representatividade sindical :
Direito do trabalho   34:331.881(81)

*Aos meus filhos, Murilo e Carolina,
pelo amor incondicional.*

Agradeço a DEUS que na sua infinita bondade, fonte inspiradora de toda a sabedoria, permitiu a realização desse trabalho.

Agradeço a todos que de forma direta ou indiretamente colaboraram para a conclusão do presente trabalho, Dra. Mirta Gladys Lerena Misailidis, Dra. Dorothee Susanne Rüdiger e Dr. Vinício Carrilho Martinez, pelas palavras de incentivo.

Aos meus PAIS e IRMÃOS, que sempre me incentivaram e me apoiaram.

SUMÁRIO

PREFÁCIO – Jorge Cavalcanti Boucinhas Filho 11

INTRODUÇÃO 17

CAPÍTULO I – Aspectos sociológicos, econômicos e políticos do sindicalismo..................19

    1.1. Aspectos sociológicos do movimento sindical..19

    1.2. Sindicalismo como fenômeno social...20

    1.3. Os primeiros movimentos sindicais..21

    1.4. Aspectos econômicos que envolveram o surgimento do movimento sindical 25

    1.5. Aspectos políticos que envolveram o surgimento do movimento sindical 27

CAPÍTULO II – Evolução do movimento sindical no Brasil 29

    2.1. Aspectos históricos, políticos e econômicos do sindicalismo brasileiro......................29

    2.2. O sindicato e as Constituições brasileiras 42

    2.3. Evolução do movimento sindical nos países europeus 45

CAPÍTULO III – Autonomia e liberdade sindical..48

    3.1. Liberdade sindical e os direitos fundamentais do homem...48

    3.2. Liberdade e autonomia sindical no Brasil...53

    3.3. Liberdade sindical no Mercosul e na União Europeia...57

CAPÍTULO IV – Representatividade e representação sindical..61

    4.1. Modelos de representatividade sindical 63

        4.1.1. Representatividade sindical derivada 64

        4.1.2. Representatividade sindical comprovada 64

    4.2. Representação sindical 65

        4.2.1. Representação sindical interna e externa 67

        4.2.2. Representação de interesses individuais 67

        4.2.3. Representação de interesses coletivos...68

4.3. Representatividade sindical no modelo brasileiro: crise e efetividade 68

4.4. Representatividade sindical no Mercosul e na União Europeia 74

4.5. Representatividade sindical no Mercosul 75

4.6. Representatividade sindical na União Europeia 77

CAPÍTULO V – Representatividade sindical brasileira.. 82

5.1. Reforma sindical 84

5.2. Críticas e perspectivas diante da reforma sindical 89

5.3. Propostas apresentadas para reforma sindical brasileira 91

CONSIDERAÇÕES FINAIS 97

REFERÊNCIAS BIBLIOGRÁFICAS 99

PREFÁCIO

Segundo Rachel Verlengia, autora da obra que tenho a honra de prefaciar, "O progresso das relações sociais depende da atuação esclarecida dos sindicatos, no desempenho da função que lhes é inerente e indelegável, que é a de defender a dignidade do trabalho, com base no espírito de solidariedade, atuação que só será efetiva por meio de sindicatos fortes e representativos". Esta afirmação remete, naturalmente, à discussão sobre quais sindicatos podem ser considerados representativos.

Ora, representatividade, em um sentido amplo, pode ser definida como a faculdade que tem uma pessoa de celebrar negócios em nome de outra, obrigando-a direta e exclusivamente. Em sentido estrito, a representatividade sindical resulta na outorga ao sindicato de um elevado nível de poder social, alçando-o a qualidade de interlocutor privilegiado em sua relação com outros atores do sistema, tais quais empresas e poderes públicos. Trata-se, como bem afirmou Ruprecht, de uma forma de representação plurivalente, em virtude da qual o representante sindical se converte em centro de interesses e pretensões contraditórias; de um lado, e essencialmente *ad intra,* os da coletividade normalmente reduzida de sindicalizados que o elegeu e, de outro lado, basicamente *ad extra,* os interesses do próprio sindicato, que, em dadas matérias ou ocasiões, podem não coincidir com os de seus representados ou lhes ser opostos[1].

O tema é, como se pode facilmente perceber, bastante árduo de se estudar. Certamente por isso poucos trabalhos monográficos de valor tenham sido escritos sobre este tema nos últimos anos.

Segundo Túlio de Oliveira Massoni, autor de um dos ensaios dignos de menção e de referência, a representatividade consiste na causa/princípio e consequência/fim da liberdade sindical. Ela apenas é concebível dentro de um contexto de liberdade sindical e, ao mesmo tempo e quase paradoxalmente, somente sendo livres em todas as suas dimensões é que os sindicatos poderão adquirir/alcançar a qualidade de representativos[2]. Com isso, pode-se dizer que a importância do tema restou evidenciada na Declaração sobre os princípios e direitos fundamentais do trabalho e seu seguimento, adotada pela Conferência Internacional do Trabalho, em sua 89ª Reunião, realizada em 18 de junho de 1998. Nela, a Organização do Trabalho incluiu a liberdade sindical e o reconhecimento efetivo do direito de negociação coletiva como o primeiro dentre os mais relevantes temas do direito do trabalho. Para se ter uma ideia do que isso representa, basta dizer que as demais matérias relacionadas no documento em questão são, na sequência exata, a erradicação de todas as formas de trabalho forçado, a efetiva abolição do trabalho infantil e a eliminação da discriminação em matéria de emprego e ocupação.

---

(1) Neste sentido: RUPRECHT, Alfredo J. *Relações coletivas de trabalho.* São Paulo: LTr: 1995. p. 154.
(2) MASSONI, Túlio de Oliveira. *Representatividade sindical.* São Paulo: LTr, 2007. p. 108.

As considerações anteriormente expostas são mais do que suficientes para evidenciar que o tema escolhido pela advogada Rachel Verlengia é extremamente relevante e desafiador. Este texto chega ao alcance de todos os estudiosos e operadores do direito do trabalho que terão doravante uma relevantíssima fonte de pesquisa não apenas sobre representatividade sindical como também sobre diversos temas relacionados à organização sindical brasileira. Com efeito, antes de abordar diretamente o assunto que dá título a esta obra, a Dra. Rachel dedicou um capítulo de seu estudo aos aspectos sociológicos, econômicos e políticos do sindicalismo, outro à evolução do movimento sindical no Brasil e um terceiro à autonomia e liberdade sindical. No capítulo próprio sobre representatividade sindical, ela não se limitou a estudar os diversos modelos teóricos de liberdade sindical, analisando também, e com grande cuidado, a forma como a questão é disciplinada nos países do Mercosul e da União Europeia, finalizando com uma análise dos desafios e perspectivas da representatividade sindical brasileira.

Os longos anos devotados à advocacia junto a diversos sindicatos permitiram à autora criticar, com a propriedade de quem o conhece não apenas pelos livros, mas por vivência prática, o modelo sindical em vigor no Brasil. Em sua opinião, ele favorece a criação indiscriminada de inúmeros sindicatos sem bases fortes, que se mantêm por meio das contribuições obrigatórias, que detêm apenas o poder de representação inerente à instituição, porém, sem representatividade. Rachel Verlengia constatou, após estudo histórico e após empreender interessante análise no direito estrangeiro, que: "De modo geral, a liberdade sindical vem se fortalecendo na maioria dos países, restando, para aqueles que ainda não a adotaram, uma urgente reflexão em busca das mudanças e ajustes para a nova realidade que se apresenta, devido as exigências impostas pelo novo mundo do trabalho frente à globalização."

A autora também analisou com acuidade a distinção entre representação e representatividade, demonstrando que ela não é meramente terminológica. São termos relacionados, mas não necessariamente coincidentes, como evidenciou Maurice Verdier ao afirmar que a representatividade é um modo de habilitação dos mais aptos a representar, constituindo-se, portanto, em título de legitimidade e de autenticidade da representação sindical[3]. Neste esteio, Rachel Verlengia destaca que a representação sindical se refere ao funcionamento do sindicato, no âmbito civil, e que ela tem relação com aspectos formais e que qualquer sindicato a exerce nas funções que lhe são próprias, especialmente no exercício da autonomia coletiva. Já a representatividade sindical seria, em verdade, um critério de valoração da capacidade de uma organização sindical para representar os interesses profissionais. Exprime, outrossim, "uma relação que não se dá apenas entre grupo e indivíduo, mas, preponderantemente, entre estrutura organizativa e grupo profissional amplo, no todo, para filiados e não filiados, e destina-se à efetividade da autotutela". Enfatiza assim a importância da representatividade sindical para a negociação coletiva, também relacionada com princípio fundamental do direito do trabalho na visão da OIT.

---

(3) VERDIER, Jean Maurice. Sur la relation entre représentation et représentativité syndicales (quelques réflexions, rapples, suggestions). *Droit Social*: Paris, n.1, janvier 1991, p. 7.

A autora demonstra ainda a sua coragem, virtude essencial para os pesquisadores efetivamente preocupados com a evolução da ciência, ao se posicionar em relação a temas polêmicos como, por exemplo, a norma legal que reconheceu formalmente a existência das centrais sindicais. Em suas palavras, "Com as mudanças introduzidas pela lei n. 11.648/2008, as Centrais Sindicais que atingirem os critérios de representatividade passarão a ocupar um espaço importante no diálogo social brasileiro, esta entidade foi finalmente regulamentada, reconhecendo assim, também, em última análise, a pluralidade nesse âmbito, o mais amplo da representação dos trabalhadores, introduzindo requisitos de representatividade para lhes conferir legitimação".

Após afirmar o enfraquecimento do poder sindical, evidenciado pelas quedas das taxas de filiação — causadas pela redução dos postos de trabalho, pela descentralização da produção, mediante contratações atípicas (tempo determinado, parcial, domicílio, etc.) —, a autora ousa novamente ao afirmar que "A crise não é só do sindicato e nem se restringe ao Brasil; não é apenas dos trabalhadores, ela é ideológica, é universal; é do sistema político".

Se após as considerações que antecedem estas linhas ainda for preciso dizer algo para recomendar a leitura da obra ora prefaciada, gostaria de sumarizar minha opinião afirmando que este livro trata de um tema da maior relevância, com uma abordagem crítica e atual e com uma redação e distribuição de capítulos que torna a sua leitura fluida e bastante prazerosa. Só me resta então parabenizar a autora pela sua obra de estreia e cumprimentar a Editora LTr por mais uma publicação que enriquece a doutrina brasileira.

São Paulo, primavera de 2010.

Jorge Cavalcanti Boucinhas Filho

Professor de Direito do Trabalho e Processo do Trabalho em cursos de graduação e pós-graduação. Advogado. Membro Pesquisador do Instituto Brasileiro de Direito Social Cesarino Júnior.

A liberdade, este rouxinol com voz de gigante, desperta os que têm o sono mais pesado (...). Como é possível pensar em alguma coisa hoje que não seja lutar a favor ou contra a liberdade? Os que não podem amar a humanidade ainda podem ser grandes tiranos. Mas como se pode ficar indiferente?

(Ludwig Börne, 14 de fevereiro de 1831)

La mayoría de los hombres nacen y mueren sin haber tenido idea de las fuerzas que mueven al mundo.

(H. Laski)

INTRODUÇÃO

A representatividade sindical é um tema sempre muito atual e, seguramente, um dos mais interessantes e importantes do Direito Sindical. Merece ser estudado com mais acuidade, conforme proposto neste trabalho.

A principal atribuição e prerrogativa do sindicato é a representação nas relações do trabalho. O sindicato organiza-se para falar em nome de sua categoria, para defender interesses no plano da relação de trabalho e, até mesmo, no plano social mais amplo.

Fundamentalmente, por intermédio da representatividade dos trabalhadores, garante-se o espaço social de diálogo e de confronto entre as partes diretamente envolvidas, cuja expressão maior é a negociação coletiva.

Dentro desse contexto, é de suma importância estudar a autonomia e a liberdade sindical, dada a importância do tema, por se encontrarem dentre os direitos fundamentais do homem, constituindo assim o resultado das lutas dos trabalhadores por melhores condições de trabalho. Direito este reconhecido como fundamental e imprescindível à vida em comunidade e que está diretamente ligado ao tema principal deste trabalho, uma vez que concorrerá para o fortalecimento da representatividade sindical e se encontra inserido nos principais debates sobre a reforma sindical no Brasil.

Qual a diferença entre a função de representação e a representatividade sindical?

O sindicato, além de seus interesses próprios, atua em nome e defesa de interesses dos trabalhadores como indivíduos, como integrantes dos grupos profissionais e como membros da comunidade, permitindo, assim, classificar a representação em três grupos chamados respectivamente: representação de interesses individuais, representação de interesses coletivos e representação de interesses sociais.

Essa função representativa, *lato sensu,* abrange as seguintes dimensões e classes: a privada, em que o sindicato se coloca em diálogo ou confronto com os empregadores, em vista dos interesses coletivos da categoria; a administrativa, em que o sindicato busca relacionar-se com Estado, visando a solução de problemas trabalhistas em sua área de atuação; a pública, em que ele tenta dialogar com a sociedade civil na procura de suporte para sua área de atuação e a judicial, em que atua o sindicato também na defesa dos interesses da categoria ou de seus filiados.

Outra função importante dos sindicatos, estreitamente ligada à representação sindical, é a negocial. Por meio dela esses entes buscam diálogo com os empregadores e sindicatos empresariais com vistas à celebração dos diplomas negociais coletivos, compostos por regras jurídicas que irão reger os contratos de trabalho das respectivas bases representativas. A função negocial coletiva, do ponto de vista dos trabalhadores, é exclusiva das entidades sindicais no sistema jurídico brasileiro (art. 8º, VI, CF/88).

O poder negocial dos sindicatos se otimiza quando se encontram níveis de contratação extensos porque, neste caso, é possível formar sindicatos com elevado número de filiados.

A efetividade deste poder está relacionada com o poder de convocação e o reconhecimento que tem entre os trabalhadores representados, da representatividade sindical.

É inegável que os sindicatos encontram-se em uma difícil fase de crise de representatividade, diante das quedas nos índices de filiação. Entretanto, necessário se faz analisar que essa crise é mundial.

O enfraquecimento do poder sindical face as baixas taxas de filiação causadas pela redução dos postos de trabalho, pela descentralização da produção, mediante contratações atípicas, traz novos desafios, principalmente, para os sindicatos brasileiros, haja vista a sua forma de organização, que se dá por categorias, de modo a dificultar o acesso aos trabalhadores inseridos no novo mundo do trabalho.

Interessante e pertinente, para este estudo, o ensaio do sociólogo alemão Ferdinando Lassalle, escrito em 1862, que estabeleceu a distinção do que ele denominou de Constituição jurídica e Constituição real, colocando que a primeira é constituída pelo conjunto das normas constitucionais formais e a segunda, pelos "fatores reais de poder" que possibilitam, ou não, a aplicação dessas normas.

No caso do Brasil, analisando a organização sindical atual, na qual a Constituição veda a existência de mais de um sindicato por categoria e base territorial (art. 8º, I, CF/88), mantendo-se fiel aos princípios da organização sindical corporativista, implantada no início dos anos 30, e utilizando os conceitos estabelecidos pelo socialista Ferdinand Lassalle, em 1862, tem-se que, no Brasil, a Constituição *jurídica*, no que diz respeito à organização sindical, é contraditória, pois estabelece, ao mesmo tempo, a autonomia e a dependência dos sindicatos diante do Estado.

O progresso das relações sociais depende da atuação esclarecida dos sindicatos, no desempenho da função que lhes é inerente e indelegável, ou seja, a função de defender a dignidade do trabalho, com base no espírito de solidariedade e numa atuação que só será efetiva por meio de sindicatos fortes e representativos.

No âmbito internacional, os tratados internacionais, de acordo com a jurisprudência consolidada, necessitam de uma norma específica para integrar o ordenamento interno e os direitos e garantias dos tratados ratificados.

As transformações ocorridas, bem como as que vêm ocorrendo no mundo capitalista, tais como a globalização da economia e a flexibilização do direito do trabalho, vêm restringindo e reduzindo o poder de representação dos sindicatos.

Entretanto, com todo o contexto apresentado, dos inúmeros desafios a serem enfrentados, sem sombra de dúvida, são os sindicatos os sujeitos do Direito Coletivo do Trabalho, ser coletivo por excelência.

CAPÍTULO I

ASPECTOS SOCIOLÓGICOS, ECONÔMICOS E POLÍTICOS DO SINDICALISMO

O Sindicato emergiu dos movimentos sociais; é a manifestação do espírito associativo do homem. Nenhum fenômeno social pode ser objeto de análise se não inquiridas suas raízes históricas.

As manifestações dos trabalhadores em sociedade não nasceram de forma independente. Ao revés, mostraram-se como produto do confronto e entrelaçamento de diversos fatos sociais, que, pouco a pouco, foram promovendo o acabamento e a moldura desse fenômeno, tal qual é, em determinado espaço e tempo, conhecido.

Desse modo, o nascimento do sindicato está ligado ao ideal comum de valorização do homem como pessoa e do reconhecimento dos direitos essenciais à defesa de seus interesses e à expressão de sua personalidade.

As primeiras manifestações de descontentamento da classe trabalhadora em formação ocorriam de modo espontâneo, sem qualquer suporte de uma organização ou associação.

1.1. Aspectos sociológicos do movimento sindical

A socialização, como fenômeno, é contínua e interminável; segundo Koenig, trata-se do "processo pelo qual os indivíduos são organizados em grupos unidos pelo desenvolvimento de um senso de solidariedade, de experiências compartilhadas".[1]

A própria condição humana, que é a de viver em sociedade, impede a sobrevivência fora das dimensões da comunidade. A família, o clã, a tribo, por meio dos quais o homem evolui para formas sociais e políticas complexas, foram a moldura dentro da qual se situou o homem primitivo, até chegarmos, nos séculos de nossa Idade, ao Estado moderno e à Comunidade Internacional.[2]

A sociabilidade das criaturas humanas, como contingência de sua realidade, está na raiz de todas as modalidades de associação. Não é difícil assinalar a relação direta entre a solidariedade de seus integrantes e a existência de interesses comuns entre eles.[3]

---

(1) KOENIG, Samuel. *Elementos de sociologia*. Tradução: Vera Borba. 3. ed. Rio de Janeiro: Zahar, 1974. p. 298.
(2) RUSSOMANO, Mozart Victor. *Princípios gerais de direito sindical*. Rio de Janeiro: Forense, 2002. p. 1.
(3) *Idem*.

Assim, com a evolução das sociedades, passaram a surgir representações daqueles que prestavam serviços. Estes se organizaram, primeiro, por meio de Corporações de Ofício, que foram extintas a partir do surgimento do liberalismo, preconizado pela Revolução Francesa em 1789.[4]

O anseio de liberdade é inerente ao homem. Desse modo, a resistência contra o opressor sempre ocupou as mais belas páginas da história.[5]

O fim do século XVIII e todo o século XIX foram palco do lançamento das bases sobre as quais se assenta o mundo moderno. O advento das Revoluções Norte-Americana (1776) e Francesa (1791) promoveu a derrocada do Estado Absolutista, para dar surgimento ao Estado Liberal, época em que, simultaneamente, a Revolução Industrial tinha como ideia-síntese o surgimento da máquina a vapor, que permitiu à classe burguesa a acumulação de capitais que até então não havia sido possível.

Dessa forma, surgiram os primeiros movimentos sindicais, nos quais aos poucos as lutas de classe foram sendo substituídas pelo entendimento entre trabalhadores e empresários, tendo como êxito de tais negociações o surgimento das entidades sindicais.

1.2. Sindicalismo como fenômeno social

É impossível discutir sobre o sindicalismo sem explicitar sua devida importância no âmbito da sociedade, como fenômeno social que é.

Com isso, faz-se necessário traçar uma linha de desenvolvimento, de modo a indicar quais foram as causas socialmente eficientes para o surgimento do sindicato, em que circunstâncias elas ocorreram, que conjuntura histórica determinou sua eclosão, bem como os continuados impulsos do movimento operário que mantiveram seu progressivo avanço na sociedade contemporânea.

Folch enumera, de maneira sintética, os fatos econômicos decisivos do período da industrialização como causas sociais eficientes para o surgimento do sindicato, os quais, segundo autor, são:

> a) concentração progressiva da produção manufatureira em grandes e médios locais de trabalho em comum (fábricas), concentrados por sua vez em centros urbanos ou zonas industriais;
>
> b) a chegada da economia produtora de um novo fator humano – o trabalho dos fisicamente débeis, das mulheres e crianças, até então desconhecido na época artesanal;
>
> c) o passar a ser o salário em dinheiro o quase único meio de sustentação econômica dos setores, cada vez mais extensos, da população de um país.[6] (tradução nossa)

---

(4) LAIMER, Adriano Guedes. *O novo papel dos sindicatos*. São Paulo: LTr, 2003. p. 17.
(5) AROUCA, José Carlos. *Repensando o sindicato*. São Paulo: LTr, 1998. p. 16.
(6) FOLCH, Alejandro Gallart. *El sindicalismo como fenômeno social y como problema jurídico*. Vitor P. de Zavalia – Editora Buenos Aires. Ejemplar n. 88. p. 43.

Os grêmios e as corporações que o precederam são fenômenos sociais de suma importância para a compreensão de como surgiram os primeiros sindicatos.

Não se pode afirmar, contudo, que entre um fenômeno social (os grêmios) e outro (as corporações) existe algum nexo de simples derivação, uma vez que, conforme explica Folch, "nesta passagem como em outras da História econômica, as novas fórmulas surgem muitas vezes por contraste e em oposição às antigas".[7]

Porém, não se pode negar que a transformação essencial do novo sistema de produção, que substituiu o sistema de trabalho tradicional da velha artesania que se iniciou no século XVIII nos países mais evoluídos economicamente do Ocidente da Europa, foi responsável pelo surgimento de inúmeras manifestações, por parte dos trabalhadores, que se opunham ao novo regime de trabalho.

Segundo Ricardo Antunes, os operários encontraram, em suas próprias organizações, condições para dispor de um meio de resistência eficaz contra essa pressão constante e contra a baixa de salários.[8]

Conforme explica Folch:

> (...) finalmente, no suceder do movimento obreiro, aparece o sindicato com sua estrutura muito mais evoluída, com sua rigorosa diversificação por ofício ou indústria, com sua aspiração, nem sempre com êxito, de ininterrupta atuação e com sua potencial amplitude de fins representando uma espécime totalmente nova na morfologia social, pois tem já bem definidos perfis institucionais.[9]

O sindicato, desde seu nascimento, mostrara-se fundamental para o avanço das lutas operárias. Sua evolução não se limitou apenas à nação inglesa, expandiu-se para França, Alemanha, EUA e outros países, já na segunda metade do século XVI, em face do crescente desenvolvimento das atividades industriais, que fez emergir um proletariado cada vez mais forte, tanto quantitativa quanto qualitativamente.

1.3. Os primeiros movimentos sindicais

Depois da fase inicial, de intensa exploração dos trabalhadores, observou-se, paulatinamente, a união da classe operária em embrionárias associações sindicais – primeiro no interior das fábricas, para depois expandir-se para além de suas fronteiras; no início, de forma clandestina, para depois irromper a quem pudesse e quisesse ouvir.

Nos séculos XVI e XVII, a Europa vivia um enorme contraste entre o luxo dos palácios, a riqueza dos nobres aristocratas e a pobreza, ou melhor, a miséria em que vivia a maior parte do povo. Já nessa época, existia uma ascendente classe de burgueses, que enriqueceram,

---
(7) *Ibidem*, p. 23.
(8) ANTUNES, Ricardo. *O que é sindicalismo*. São Paulo: Brasiliense, 1981. p. 12.
(9) FOLCH, *op. cit.*, p. 40.

principalmente, com o comércio nas novas colônias. Não havia trabalho para todos, e mesmo os que trabalhavam ganhavam salários mínimos, muitas vezes insuficientes para sua subsistência.

Embora tenham sido reprimidas pelos empregadores e pelo Estado, nesse momento da história sindical, ocorriam as primeiras tentativas de criação de organizações. Dentre estas, também se verificaram aquelas contrárias à introdução de máquinas mais produtivas, que substituíram a mão de obra nas fábricas. Esse movimento chamado de ludista era consequência do temor da falta de trabalho.[10]

Nesse contexto, os sindicatos e cooperativas foram organizações da classe trabalhadora que surgiram, concomitantemente, num processo de resistência e de luta dos trabalhadores, durante a Revolução Industrial, contra a exploração capitalista.

A primeira fase do sindicalismo é marcada por intensas dificuldades de comunicação, havendo desentendimentos entre os membros das organizações e entre as próprias organizações, porém, havia entre si "uma solidariedade bastante concreta". O movimento sindical estava pouco integrado na arena política nacional e identificou-se com o destino da classe em nível internacional.[11]

Nos primeiros movimentos sindicais, a preocupação dos sindicatos era com a reorganização presente da sociedade e não com a futura, assim como suas próprias atividades eram restritas; tais atitudes há muito vêm causando críticas ao movimento. Essa preocupação deve-se à forma original do socialismo da classe operária, aos movimentos internos, formados por grupos de trabalhadores que, por si só, desenvolveram a consciência de classe sindical e imaginaram o fim do capitalismo, por meio de uma rede de cooperativas de produtores; era o ideal do mutualismo.[12]

A Grã-Bretanha foi o berço do sindicalismo contemporâneo. Segundo Russomano, já no ano de 1720, os mestres-alfaiates dirigiram-se ao Parlamento Britânico, por intermédio de uma associação que reunia mais de sete mil trabalhadores, pleiteando a obtenção de maior salário e a redução de uma hora na jornada diária de trabalho.[13]

Analisando os acontecimentos, ao longo do tempo, vê-se que, já no começo do século XIX, "nos anos de 1718 e 1724, os tecelões ameaçavam demolir suas casas e queimar seu trabalho a menos que concordassem com suas condições".[14]

Em 1726 e em 1738, segundo relatos históricos, os tecelões se rebelaram e invadiram as casas dos patrões e furadores de greve, estragando lá, cortando e destruindo as peças, nos teares, e os utensílios do ofício, chegando ao ponto de arrebentarem as correntes dos teares em 1738, prática de boicote ao trabalho.

---

(10) PEREIRA, Armand (Editor); FREIRE, Luciene; LAGANA, Lizzie (Cols.). *Cooperativas*: mudanças, oportunidades e desafios. Brasília: OIT, 2001. p. 11-12.
(11) SCHUTTE, Giorgio Romano. Sindicalismo na Europa e sindicalismo europeu. In: *Sindicalismo na Europa, Mercosul e Nafta*. FACCIO, Odilon Luís; LORENZETTI, Jorge (Coords.). São Paulo: LTr, 2000. p. 19.
(12) HOBSBAWM, Eric J. *Mundos do trabalho - novos estudos sobre história operária*. 2. ed. São Paulo: Paz e Terra, 1988. Tradução de: Worlds of labour – further studies in the history of labour. p. 383.
(13) RUSSOMANO, *op. cit.*, p. 17.
(14) HOBSBAWM, *op. cit.*, p. 383.

Merecem destaque as lutas dos mineiros de carvão por melhores condições de trabalho, os quais usaram a técnica da destruição no período de 1740 a 1778, e o Movimento Ludista, que teve como um dos líderes mais importantes Ned Ludd Michel Homere, conhecido como "Ned Lud".

A Revolução Industrial iniciou-se a partir de 1760, na Inglaterra, no setor da indústria têxtil, a princípio, por uma razão relativamente fácil de ser entendida: o rápido crescimento da população e a constante migração do homem do campo para as grandes cidades acabaram por provocar um excesso de mão de obra, que ficou disponível e barata, permitindo a exploração e a expansão dos negócios, que proporcionaram a acumulação de capital (capitalismo) pela então burguesia emergente. Tudo isso, aliado ao avanço do desenvolvimento científico – principalmente com a invenção da máquina a vapor e de inúmeras outras inovações tecnológicas –, proporcionou o início do fenômeno da industrialização mundial, ocorrido, como já foi comentado, primeiro na Inglaterra.

Assim, em meio à Revolução Industrial, no século XVIII, embora as associações não fossem reconhecidas, os trabalhadores desenvolveram alguma forma de organização em virtude das péssimas condições de vida que tinham.[15]

Nem mesmo os obstáculos criados por leis com vistas a proibir a organização sindical, introduzidos pelos diferentes governos, a exemplo da *Lei Le Chapellier de 1791*, "nunca conseguiram evitar a organização dos trabalhadores, porém só com a abolição dessas proibições foi possível dar um salto de qualidade importante, principalmente no objetivo de juntar as experiências localizadas em uma organização nacional".[16]

O que torna esse liberalismo mais impressionante é que a base dos trabalhadores desses movimentos, em sua maioria, era, segundo alguns exemplos, de chauvinistas convictos, e os instintos de muitos deles eram não só convencionais, mas também xenófobos. Houve altas figuras desses movimentos – não da ala marxista – que propagavam o antissemitismo e a inferioridade das mulheres. Foi a herança histórica dos movimentos socialistas e operários, da tradição do racionalismo esclarecido do século XVIII, que manteve esses instintos sob controle. Sem ela, os socialistas e os operários não teriam tentado, nem conseguido, tornar-se o foco para a cobrança dos direitos iguais e universais e para a emancipação universal do homem.[17]

Na incansável busca por melhores condições de trabalho foi que, entre os anos de 1825 e 1826,

> (...) o direito inglês, mesmo sem atribuir personalidade jurídica aos sindicatos, reconheceu o *direito de associação*. Os trabalhadores tiveram, assim, na Grã-Bretanha, meio século antes dos trabalhadores do continente europeu, o reconhecimento da legitimidade dos seus movimentos associativistas.[18]

---

(15) LAIMER, *op. cit.*, p. 18.
(16) SCHUTTE, *op. cit.*, p. 16.
(17) HOBSBAWM, *op. cit.*, p. 429–430.
(18) RUSSOMANO, *op. cit.*, p. 17.

Diante da reconhecida legitimidade dos movimentos associativos é que, segundo alguns historiadores, o empresário e líder socialista do século XIX Robert Owen fundou, em 1833, a *Great Consolidated Trade Union*, incentivando a agremiação dos operários em sindicatos (*trade unions*) e transformando o movimento sindical no mais poderoso instrumento de conquista dos direitos sociais-trabalhistas.

Entretanto, em 1914, a Primeira Guerra Mundial iniciou a destruição desse espírito internacionalista em nome do nacionalismo.

Ao contrário do socialismo mutualista, o sindicalismo era, na prática, um *slogan* para a luta e não um programa de transformação.[19]

No entanto, segundo Eric J. Hobsbawm,

> (...) esta militância indubitavelmente reflete a afirmação contundente da consciência de classe e do poder de classe: uma combinação da insatisfação em massa com a descoberta de que uma geração de mudanças despercebidas proporcionou uma nova eficácia à ação direta.[20]

Os movimentos socialistas do fim do século XIX e do século XX não só defendiam como também empreendiam campanhas ativas em prol da luta geral pela Liberdade, Igualdade e Fraternidade – lema que os primeiros movimentos socialistas e operários herdaram da Revolução Francesa – assim como em prol da emancipação dos homens. "A luta contra a opressão social subentendia a luta pela liberdade."[21]

No mesmo sentido, escrevendo sobre o nascimento do sindicalismo, Giorgio Romano Shutte preleciona que:

> (...) o sindicalismo nasceu na Europa junto com o capitalismo e o processo de industrialização, no século XIX. O que não quer dizer que não tenha havido, em épocas anteriores ou em lugares diferentes, experiências de organização social visando a melhores condições de trabalho ou o romper com formas de relações sociais de produção consideradas desumanas; mas não se tratava ainda de sindicatos.[22]

Desse modo, o surgimento de organizações abrangentes não se deu de forma igual em todos os países europeus. Nos países com industrialização mais tardia, como nos países da América Latina, a organização sindical nasceu posteriormente.

Faz-se necessário também analisar outras variáveis importantes no processo de surgimento desses movimentos, as quais, segundo Shutte, são: "a organização política partidária dos trabalhadores, o papel da Igreja e a política do próprio Estado". Segundo explica o autor, "no primeiro caso, trata-se evidentemente de uma força de apoio. Já nos dois últimos casos, tentou-se evitar o surgimento de organizações sindicais articuladas em níveis nacionais e, depois de perceber que não havia como evitá-las, tentou-se absorvê-las, garantindo a reprodução do poder capitalista".[23]

---

(19) HOBSBAWM, *op. cit.*, p. 383.
(20) *Ibidem*, p. 385.
(21) *Ibidem*, p. 429.
(22) SCHUTTE, *op. cit.*, p. 15.
(23) *Ibidem*, p. 15.

Logo em seguida, começou-se o processo de aglutinação das várias associações regionais em uma Confederação. Em 1830, constituiu-se uma Associação Geral de operários ingleses, a Associação Nacional para a Proteção do Trabalho, como embrião do que se tornaria a Central Sindical. Evidentemente, o patronato não ficou passivamente assistindo ao avanço do movimento sindical. Utilizando a poderosa arma da demissão, as empresas começaram a pressionar e a obrigar os trabalhadores a renunciarem à participação sindical. Foi em 1868 que se criou a TUC *(Trade Union Congress – Congresso de Sindicatos)*, a mais antiga e a ainda existente confederação sindical nacional.[24]

Segundo mostram os estudos, as datas de nascimento das principais Centrais Sindicais na Europa são de 1868. Conforme escreve Schutte, houve um congresso reunindo representantes de várias associações sindicais regionais e estruturais por profissão, quando decidiram aprovar uma moção expressando a vontade de todos de se unirem a cada ano.

O amadurecimento da classe operária e a necessidade de uma organização própria em torno de seus interesses fizeram com que, após a Primeira Guerra Mundial, que só terminou em 1919 com o Tratado de Paz de Versalles, os sindicatos se tornassem fortes politicamente, haja vista a existência de um grande número de trabalhadores organizados.[25]

Importante avanço deve-se também à Constituição de Weimar, 1919, por ter sido a primeira Constituição a permitir expressamente a liberdade associativa dos trabalhadores.

A Declaração Universal dos Direitos do Homem, em 1948, determina que todo homem tem direito a ingressar num sindicato (art. XXIII, 4); em seguida, a Organização Internacional do Trabalho – OIT, em 1948, determinou as linhas gerais que deviam reger a atividade sindical em sua convenção n. 87.

1.4. Aspectos econômicos que envolveram o surgimento do movimento sindical

No que tange aos aspectos econômicos, temos que, entre 1780 e 1880, a indústria fabril se consolidou na Grã-Bretanha e se difundiu na Europa Ocidental e Central, bem como na América do Norte. Porém, não foi apenas a indústria que se difundiu. Também o governo representativo e o *laissez-faire*, praticados inicialmente na Grã-Bretanha e nos Estados Unidos, foram sendo aos poucos adotados por todos os povos "civilizados". "O Brasil do segundo Império, por exemplo, também incorporou esses princípios à estrutura político-legal, embora sua prática esbarrasse na presença vergonhosa, mas indispensável (à classe dominante), da escravidão."[26]

Assim, forçoso é pensar que, durante os cem anos, "a formação social capitalista tornou-se a regra na Europa e foi se desenvolvendo em quase todos os países independentes".[27]

---

(24) *Ibidem*, p. 16.
(25) *Idem*.
(26) SINGER, Paul. Para além do neoliberalismo: a saga do capitalismo contemporâneo. Revista *São Paulo em Perspectiva*, Capitalismo: Teoria e dinâmica atual, São Paulo, v. 12, n. 21, p. 6, abr./jun. 1998.
(27) *Ibidem*, p. 6.

Paul Singer, ao escrever sobre o capitalismo contemporâneo, observa que, durante a época da Primeira Revolução Industrial, a classe operária, não agrícola, era composta majoritariamente por produtores independentes, artesãos pertencentes as guildas, por meio das quais defendiam seu monopólio legal sobre a especialização profissional. Porém, o progresso trazido pela indústria fabril implicou a total destruição dos direitos profissionais e econômicos, tradicionalmente gozados por mestres e oficiais.

> O advento da indústria fabril, empregadora de grande massa de trabalhadores, inicialmente não qualificados e em seguida semiqualificados, como operadores de máquinas, implicava a total destruição dos direitos profissionais e econômicos tradicionalmente gozados por mestres e oficiais. Como sabemos, a reação inicial foi tentar impedir a construção das fábricas por meios legais. E dado o insucesso desta tentativa, parte dos trabalhadores partiu para a destruição das fábricas, o que foi imediatamente reprimido com extremo rigor.[28]

O marco histórico decisivo é que, após muitas lutas, o movimento operário cessou sua oposição às inovações técnicas e passou a lutar não mais contra a indústria, mas contra o capitalismo. À medida que o capitalismo industrial avançava em cada país, uma parcela, cada vez maior de seus trabalhadores, transformava-se em assalariados, cujos interesses imediatos eram melhorar suas condições de trabalho e, consequentemente, desenvolver a própria classe operária. Os interesses do operariado, a longo prazo, eram conquistar novos direitos – civis, políticos e sociais – no seio do próprio capitalismo e preparar sua substituição por uma formação social em que não haveria mais capitalistas e assalariados, mas apenas produtores associados.[29]

Estudos mostram que a Revolução Industrial trouxe à tona o trabalho livre e assalariado e a Revolução Francesa, em 1789, trouxe as liberdades individuais, que foram marco inicial da sociedade moderna para toda a humanidade. A partir daí, derrubaram a monarquia e permitiram a ascensão da burguesia ao poder. Havia, então, uma nova perspectiva para o mundo do trabalho. Os seus protagonistas adquiriram um certo valor na sociedade, o que passou a desestimular o ócio, a preguiça e a inércia.

As Corporações de Ofício foram suprimidas, devido a questões ideológicas, por contraporem-se aos ideais de liberdade, tal qual a adoção dos castigos corporais infringidos aos aprendizes ou a extenuante carga de mais de 18 horas de trabalho.

O avanço é inegável; os direitos civis e políticos adquiriram espaço com a Declaração dos Direitos Humanos e do Cidadão, em 1789, a partir da Revolução Francesa, fundamentada na propriedade privada e na liberdade, que se constituem nas palavras-chave do regime liberal clássico. O princípio da igualdade só viria a se tornar mais evidente com a Declaração Universal dos Direitos Humanos, em 1948, baseada na justiça social, a palavra-chave do regime socialista.

---

(28) *Ibidem*, p. 7.
(29) *Idem*.

Com isso, os aspectos econômicos que envolvem o nascimento do movimento sindical estão intimamente ligados ao processo de industrialização, que exigiu um grande número de trabalhadores na indústria, nascendo, assim, duas classes sociais: a dos capitalistas e a dos operários industriais. Na mão dos últimos estava a força de trabalho e na dos primeiros, o maquinário e o lucro.[30]

1.5. Aspectos políticos que envolveram o surgimento do movimento sindical

O sindicalismo não foge às dimensões políticas, já que inclui disputa (ideologia), luta pelo poder, controle estatal e, sobretudo, caráter coletivo, o que lhe dá legitimidade e possibilidade de influenciar o destino da história, razão pela qual se identifica com a história dos movimentos operários e com a história da ideologia desses movimentos.

Folch, ao escrever sobre os aspectos políticos que envolvem o sindicato, entende que, indiscutivelmente, as atividades desempenhadas pelo sindicato entram no âmbito político.

> Certamente que se resulta indiscutível tal caráter político na esfera do *ser* do sindicalismo, já que são fáceis e múltiplos os exemplos de atividade real do mesmo que entram no âmbito político, não só no campo da *lógica do dever ser*, pois suas normas como se tem dito muito acertadamente não enunciam "o que tem sucedido, sucede ou sucederá, senão o que deve *ser* e o que se deve *fazer*", porém ao enfrentar-se com este problema, que é um dos mais delicados entre os que desenvolvem a canalização das correntes sindicais...[31]

A história operária é, por tradição, um tema altamente politizado e, durante muito tempo, foi feita em grande parte fora das universidades. Todos os estudos sobre o trabalho eram obviamente políticos, desde que o tema começou a despertar interesse acadêmico sistemático, nas décadas de 1830 e 1840, com as diversas universidades, nas quais se discutia sobre a condição do novo proletariado.[32]

O movimento operário deve ser analisado sob vários pontos de vista; para tanto, destacam-se, dentre outros, dois que foram relevantes para o nosso estudo.

O primeiro é que, estudando a história operária, não se pode deixar de admitir que ela faz parte da história da sociedade. Relações de classe, qualquer que seja sua natureza, são relações entre classes ou camadas que não podem ser adequadamente descritas se analisadas isoladamente, ou apenas em termos de suas divisões ou estratificações internas. Isso implica um modelo do que são as sociedades e de como elas funcionam.

O segundo é que a história operária é um assunto multifacetado, embora seus níveis de realidade ou de análise formem um todo: trabalhadores e movimentos, bases e líderes, os níveis socioeconômico, político, cultural, ideológico e "histórico" – tanto

---

(30) LEARTH, Terezinha. *Globalização da economia e direito do trabalho* – impactos e desafios. Disponível em: <http:/www.trt13.gov.br/revista/revista9/learth> Acesso em: 3 ago. 2004.
(31) FOLCH, *op. cit.*, p. 224.
(32) HOBSBAWM, *op. cit.*, p. 29.

no sentido de operarem num contexto dado pelo passado, quanto no sentido de que mudam ao longo do tempo, em determinadas maneiras específicas. Não podemos abstrair um ou mais níveis dos demais. O nível político de análise não pode simplesmente ser subordinado ao nível socioeconômico: mesmo no nível mais elementar, há uma diferença entre a vida da classe operária em economias capitalistas que praticamente carecem de um sistema estatal de previdência social e a da que o tem, sendo a natureza deste igualmente importante.[33]

Em cada país, a evolução do movimento sindical deu-se de forma diferente. Na maioria dos países da Europa, predominou, na primeira fase, a ideologia política; já nos demais países que se desenvolveram posteriormente à industrialização, essa ideologia já não aparecia com tanta força, dando lugar a um pensamento, a uma ideologia voltada para o social.

Nos países da América Latina – dentre eles o Brasil – onde o movimento sindical nasceu depois da industrialização, os trabalhadores não passaram pela fase de intensas lutas e conquistas como passaram os trabalhadores dos países europeus – berço do movimento sindical.

---

(33) HOBSBAWM, *op. cit.*, p. 17.

CAPÍTULO II

EVOLUÇÃO DO MOVIMENTO SINDICAL NO BRASIL

2.1. Aspectos históricos, políticos e econômicos do sindicalismo brasileiro

No Brasil, antes da primeira República, o que existiam eram as corporações de ofício. Na Bahia, em Salvador, as corporações de oficiais mecânicos eram agrupadas por similitude ou conexão profissional. Por exemplo, os carpinteiros reuniam-se com torneiros, marceneiros, entalhadores. Essas corporações tinham caráter administrativo e religioso; conseguiram ter representantes eleitos na Câmara Municipal, juízes do povo e mestres.[1]

O liberalismo e as ideias de supressão das corporações de ofício, que se expandiram na Europa por serem consideradas organismos limitativos das liberdades individuais e contrárias aos novos princípios políticos da Revolução Francesa de 1789, influenciaram e muito o desenvolvimento do movimento sindical brasileiro.

Desse modo, a Constituição do Império de 1824, decretada dois anos após a Declaração da nossa Independência, adotou os postulados filosóficos da Revolução Francesa, assegurando o direito à liberdade para o trabalho (art. 179, n. 24) e abolindo as corporações de ofício (art. 179, n. 25), constituídas no século XVII.

No Brasil, a atividade preponderante, nos primeiros séculos, foi a atividade agrícola seguida da exploração de minérios. Essas atividades econômicas, até 1888, baseavam-se no trabalho escravo. A indústria, incipiente, utilizava métodos primitivos, próprios do artesanato. A revolução industrial ainda não havia chegado ao Brasil, o que explica a ausência de sindicatos capazes de lutarem, com sucesso, pela conquista de leis sociais.[2]

Enquanto nos países europeus surgiram iniciativas isoladas de coalizão dos trabalhadores, dando início ao surgimento das associações, no Brasil, face à proibição dessas iniciativas por lei, as poucas corporações de ofício foram extintas, desintegrando-se a estrutura associativa existente sem que fosse imediatamente substituída por outra forma de associação.

Segundo Süssekind, a primeira República, proclamada em 15 de novembro de 1889, trouxe em seu bojo o espírito liberal-individualista da primeira Declaração Universal

---

(1) NASCIMENTO, Amauri Mascaro. *História do trabalho, do direito do trabalho e da justiça do trabalho*. São Paulo: LTr, 1998. p. 75.
(2) SÜSSEKIND, Arnaldo. *Direito constitucional do trabalho*. 2. ed. Rio de Janeiro: Renovar, 2001. p. 343.

dos Direitos do Homem (Revolução Francesa) e da Constituição norte-americana. Daí ter sido a Constituição de 1891 omissa no tocante ao trabalho humano, limitando-se a assegurar "o livre exercício de qualquer profissão moral, intelectual e industrial" (art. 72, § 4º). Porém, por assegurar o direito de associação, ela proporcionou ao Supremo Tribunal Federal o fundamento jurídico para afirmar a licitude da organização dos sindicatos.[3]

Assim, em 1903, deu-se o surgimento da primeira Lei que tratou da sindicalização em nosso país, o Decreto n. 979, exclusivamente voltado para a agricultura, permitindo a reunião de seus profissionais e de suas indústrias rurais (sindicatos rurais). Quatro anos mais tarde, ainda que de forma limitada, haja vista o reduzido desenvolvimento econômico, surge o Decreto n. 1.637, de 1907, que assegurava o direito à sindicalização a todos os trabalhadores, em texto que, segundo explica Süssekind, seria compatível com as principais normas da Convenção da OIT sobre liberdade sindical (Convenção n. 87, de 1948).

Importante estudo realizado pela historiadora brasileira Ângela de Castro Gomes, em seu livro *A Invenção do Trabalhismo*, mostra que o primeiro Congresso Operário de 1906 constituiu um marco importante para a história do movimento operário no Brasil, organizado pela Federação Operária Regional Brasileira, que havia sido criada em 1905, no Rio, sucedendo a Federação das Classes Operárias, que data de 1903; este congresso foi uma iniciativa que traduziu a disputa existente entre diferentes orientações ideológicas no movimento sindical.[4]

Pode-se dizer que esses dois Decretos n. 979 de 1903 e n. 1.637 de 1907, assinalam a primeira fase do nosso sindicalismo em 1900. Segundo a historiadora:

> (...) a permanência de um modelo de associações mutualistas e a desconfiança em relação ao sindicato de resistência marcam o período que vai até 1920, o que obviamente não pode apenas ser atribuído nem à força dos socialistas, nem à ineficiência doutrinária dos anarquistas.[5]

Esse período foi considerado um momento de "intenso debate entre os anarquistas e entre estes e os socialistas", vencendo a opção socialista.

Até 1920, o movimento operário era preponderantemente anarquista, devido, em grande parte, à origem dos imigrantes, oriundos da Itália, da Espanha e de Portugal, países onde as tendências libertárias estavam mais arraigadas do que o marxismo.

O Tratado de Versalhes, em 1919, iniciou, no mundo todo, a discussão sobre a legislação trabalhista. Para Russomano, ele cristalizava um novo espírito, que contribuiu para acelerar o processo de regulamentação do trabalho.[6]

A importância do Tratado de Versalhes foi tão evidente que, naquele mesmo ano, foi promulgada no Brasil a primeira Lei de Acidente de Trabalho. Logo após, em 1922,

---

(3) Idem.
(4) GOMES, Angela de Castro. *A invenção do trabalhismo*. 2. ed. Rio de Janeiro: Dumará, 2. Ed., 1994. p. 95.
(5) Idem.
(6) RUSSOMANO, Mozart Victor. *Curso de direito do trabalho*. 9. ed. Curitiba: Juruá, 2002. p. 31.

em São Paulo, foram criados os Tribunais Rurais, sob a presidência do Juiz de Direito, marcando o primeiro esforço para a criação da Justiça do Trabalho no Brasil.

Em 1922, foi também fundado o Partido Comunista do Brasil, que logo assumiu o controle ideológico dos sindicatos, superando o anarquismo. O Partido Comunista nasce no momento em que começa a se desagregar o movimento operário, que teve início antes da Primeira Guerra Mundial.[7]

Em 1923, surgiu a Lei Eloy Chaves, dispondo sobre a Previdência Social, com a criação das Caixas de Aposentadorias e Pensões, atingindo inicialmente os trabalhadores ferroviários e marítimos, estendendo-se depois a outros trabalhadores.

Importantes avanços ocorreram em 1926 e 1927. Em 1926, a reforma constitucional teve um significado especial, uma vez que, pela primeira vez, o legislador constituinte fez expressa referência ao Direito do Trabalho; em 1927, com a promulgação do Código de Menores, tornou-se proibido o trabalho aos menores de doze ou, em praça pública, àqueles abaixo de quatorze anos.

Nesse período, no país empolgado pela campanha política da "Aliança Liberal", que visava à proteção ao trabalhador, teve início a deflagração do Movimento Revolucionário de 1930 e a fase atual, ou contemporânea, do Direito do Trabalho brasileiro. Importante acontecimento foi a criação do Ministério do Trabalho, da Indústria e do Comércio, muitos anos depois transformado em Ministério do Trabalho e Previdência Social.

A revolução de 1930 marca uma fase importante para o desenvolvimento do sindicalismo brasileiro. Ela não foi promovida por associações de trabalhadores e sim por políticos e militares, mas contou com o generalizado apoio popular, tanto do mundo intelectual como do proletário, tendo Getúlio Vargas como chefe da revolução e do Governo Provisório, cujo termo foi a Constituição de 16 de julho de 1934, quando teve início o populismo e o também conhecido peleguismo.

Ricardo Antunes descreve com propriedade essa fase de transição econômica pela qual passou o Brasil, com implicações e alterações também no movimento sindical brasileiro. Assevera o autor que "A revolução de 1930 marcou um momento importante na transição de uma economia agrário-exportadora para uma econômica industrializante". No que tange ao sindicato, "Pode-se dizer que o único ponto favorável para a classe operária nesta lei – definida pelos operários como a Súmula da *Carta del Lavoro* do fascismo italiano" – foi garantir o sindicato único por categoria. De resto atrelava as entidades sindicais ao Estado".[8]

Com a revolução de 1930, deu-se início a fase intervencionista do Estado, que passou a interferir nas organizações e na ação dos sindicatos, face aos princípios autoritários, difundidos na época em países europeus, com largos reflexos em nosso país. Essa

---
(7) RODRIGUES, José Albertino. *Sindicato e desenvolvimento no Brasil*. São Paulo: Difel, 1968. p. 68.
(8) ANTUNES, Ricardo. *O que é sindicalismo*. São Paulo: Brasiliense, 1981. p. 45.

fase de intervencionismo prolongou-se por muitos anos, dela permanecendo ainda traços que não foram afastados da legislação e da imagem que parte do movimento sindical tem sobre relações coletivas de trabalho.

Segundo Amauri Mascaro Nascimento, nessa fase, o Estado resolveu adotar uma política de substituição da ideologia dos conflitos pela filosofia da integração das classes trabalhistas e empresariais, que, para esse fim, seriam organizadas pelo Estado, sob a forma de categorias, por ele delimitadas segundo um plano denominado enquadramento sindical.[9]

Em 19 de março de 1931, foi assinado o Decreto n. 19.770, que dentre os decretos legislativos assinados logo após a criação do Ministério do Trabalho, Indústria e Comércio, merece destaque e dispõe sobre a organização sindical.

O Decreto n. 19.770 dispunha sobre a organização sindical, preceituando: a) unicidade sindical compulsória; b) liberdade de estruturação sindical para representar a indústria, ou a categoria, ou o ofício, ou a profissão ou, ainda, os empregados nas empresas; c) reconhecimento pelo Ministério do Trabalho, com registro dos estatutos; d) proibição da propagação de ideologias sectárias de caráter político ou religioso; e) possibilidade de uniões de sindicatos em federações regionais ecléticas e destas em confederações do trabalho e confederações da indústria e comércio (centrais sindicais).

Analisando as discussões que antecederam a assinatura do Decreto n. 19.770, vê-se claramente que o princípio da unicidade sindical foi adotado, tendo em conta a realidade socioeconômica brasileira, para motivar a instituição e o fortalecimento dos sindicatos. Na verdade ela é cópia da *Carta del Lavoro*.[10]

Com isso, a influência do corporativismo italiano e sua forma autoritária de organização da vida sindical contrastou com os princípios revolucionários, que, até 1930, serviram de base para o nosso sistema.

No tocante ao regime sindical, a Carta Constitucional de 16 de julho de 1934 consagrou preceitos de diretrizes filosóficas antagônicas, tendo tido curta duração, uma vez que adotou a pluralidade sindical.

O art. 120 da Constituição de 1934 dizia que: "Os sindicatos e as associações profissionais serão reconhecidos de conformidade com a lei". O parágrafo único do citado artigo mencionava que: "A lei assegurará a pluralidade sindical e a completa autonomia dos sindicatos".

Por pluralidade sindical entenda-se que a Constituição de 1934 preconizava e autorizava a criação de mais de um sindicato por categoria, visando à representação profissional, contrapondo-se, de forma clara, ao sindicato único, cujo modelo era o fascismo italiano.

---

(9) NASCIMENTO, *op. cit.*, p. 84.
(10) SÜSSEKIND, *op. cit.*, p. 345.

Entretanto, a pluralidade sindical foi objeto de regulamentação, antecipada pelo Decreto Legislativo n. 24.694, de 12 do mesmo mês, frustrando-se ao exigir um terço do grupo de trabalhadores, da mesma profissão, na correspondente localidade para a formação do sindicato.

Nessa fase, compreendida entre o período de 1920 a 1934, o movimento sindical no Brasil perde o caráter revolucionário e violento de que se revestira anteriormente e adquire um tom mais brando, buscando algumas composições com correntes políticas sem penetração sindical e tentando, por todas as vias, a atuação parlamentar. Em síntese, torna-se menos revolucionário e mais reformista. É isso que lhe deu o caráter de ajustamento – denominação dada pelos estudiosos do assunto.

As proposições teórico-ideológicas do liberalismo clássico, de um lado, e as formulações teóricas opostas dos socialistas, de outro, efervesciam no continente europeu e encontravam seus seguidores no Brasil. A implantação do socialismo real, com a Revolução Russa, em 1917, tornou-se, como foi dito, um modelo para os operários no mundo e teve, no Brasil, Luís Carlos Prestes como seu mais importante seguidor. O socialista brasileiro estudou a experiência russa e fundou a Coluna Prestes, porém não conseguiu seu intento de tomar o poder no Brasil.[11]

O período que se seguiu à Revolução de 1930, conhecido pela Junta Governativa, caracterizou-se por grande violência em relação ao movimento sindical. A chegada de Getúlio Vargas ao Rio e sua posse como chefe do Governo Provisório alteraram em parte a situação. Diversos Sindicatos, que haviam sido fechados, foram autorizados a reabrir suas portas. Em novembro de 1930, foi criado o Ministério do Trabalho, Indústria e Comércio e, em março de 1931, o Decreto 19.770 estabeleceu as novas normas de sindicalização.[12]

John D. French, escrevendo sobre as peculiaridades da formação da classe operária brasileira, observa que, "durante os anos 20, os industriais urbanos facilmente conseguiram bloquear as tentativas de se criar uma legislação trabalhista", já nos "30, ao contrário, eles foram incapazes de impedir".[13]

Angela de Castro Gomes também analisa essa fase, mostrando que "a grande ironia da história da legislação trabalhista brasileira é o contraste entre a década de 1920 e a de 1930".[14]

John D. French, com muita propriedade, afirma que "a consolidação dos movimentos trabalhistas latino-americanos, em sua maior parte, ocorreu simultaneamente à proliferação de iniciativas governamentais trabalhistas e de bem-estar social, após 1930, o que inclui, no Brasil, e em outras partes, patrocínio e apoio real à organização sindical".[15]

---

(11) LEARTH, Terezinha. *Globalização da economia e direito do trabalho* – impactos e desafios. Disponível em: <http:/www.trt13.gov.br/revista/revista9/learth> Acesso em: 3 ago. 2004.
(12) GOMES, *op. cit.*, p. 146.
(13) FRENCH, John D. *Afogados em leis* – a CLT e a cultura política dos trabalhadores brasileiros. Tradução: Paulo Fontes. São Paulo: Fundação Perseu Abramo, 2001. p. 8.
(14) GOMES, *op. cit.*, p. 146.
(15) FRENCH, *op. cit.*, p. 28.

Diante desse quadro, o paternalismo do Estado de bem-estar minou as forças dos sindicatos em nosso país, na América Latina, de modo geral, na medida em que os sindicatos nada mais precisaram fazer senão ir buscar o cumprimento das leis na Justiça do Trabalho. Não precisaram mais lutar para conquistar direitos, pois ganharam uma legislação, que, para a época, estava além de suas necessidades, posto que eram leis predominantemente voltadas para os direitos individuais e não os coletivos.

Diferente do que ocorreu em outras nações, nas quais os trabalhadores tiveram que se unirem e lutarem para forçar o Estado a lhes conceder direitos e prerrogativas, desenvolvendo assim, seu espírito associativo; aqui se organizou sindicatos e estes sucederam o benefício, que só nasceu devido ao uso da força. No Brasil, coube ao Estado antecipar-se e elaborar a legislação, antes mesmo que o espírito associativo dos trabalhadores brasileiros organizasse o sindicato, que foi consequência e não causa do processo que estabeleceu direitos trabalhistas. No Brasil, o trabalhador obteve, por outorga do poder público, sem lutas, os benefícios que tanto custaram a outros povos.[16]

Para John D. French, o "consenso corporativo" – denominação dada pelo autor para explicar e dar ênfase à intervenção corporativa do Estado brasileiro e a seu impacto negativo na consciência, na auto-organização e na luta de classe trabalhadora brasileira – deve-se ao fato do modelo brasileiro ter-se estabelecido segundo o modelo corporativo e fascista italiano.

> O infeliz destino dos trabalhadores brasileiros é fruto do fato de terem sido integrados, em organizações corporativas baseadas em código de trabalho copiado da legislação de Mussolini, visando ao controle dos sindicatos. Assim, o Estado brasileiro teria estabelecido um sistema de repressão aos trabalhadores baseado no modelo corporativo e fascista.[17]

Essa dimensão individualista do sistema de leis trabalhistas, que tem sido negligenciada na literatura especializada, é de especial importância no Brasil, porque o campo da lei trabalhista não é simplesmente, e/ou mesmo primordialmente, o de uma experiência coletiva.[18]

Dentro desse contexto, faz-se necessário analisar e repensar a complexa dialética entre o indivíduo e o coletivo, e entre o particular e o geral, no interior da classe trabalhadora.

Nesse sentido, escreve Adalberto Moreira Cardoso, argumentando que "a juridificação das relações de classe é algo muito diferente de sua politização". Tem razão o autor, pois as demandas trabalhistas junto ao Judiciário tendem a ser individuais, porque resolvem apenas o problema de um trabalhador específico, nada acrescentando de melhoria no plano coletivo, visando apenas à associação por associação; não alimentando identidades ou ações coletivas.[19]

---

(16) GOMES, *op. cit.*, p. 205-206.
(17) FRENCH, *op. cit.*, p. 31-32.
(18) *Ibidem*, p. 61-62.
(19) CARDOSO, Adalberto Moreira. Os sindicatos e a segurança socioeconômica no Brasil. In: SANTANA, Marco

Em julho de 1934, o Brasil ganhava uma nova Constituição, uma nova lei de sindicalização e um novo ministro do Trabalho, Indústria e Comércio. A Constituição, por meio de seu art. 120, consagrava a pluralidade e a autonomia sindicais. No entanto, o Decreto-Lei n. 24.694, editado alguns dias antes da votação final do texto constitucional, por suas exigências, tornava intencionalmente a pluralidade muito difícil e a autonomia muito relativa.[20]

A Constituição de 1934 previu o sistema da pluralidade sindical, porém, de pluralidade nada tinha, dado o artificialismo e a criação de "sindicatos de carimbo", existentes só no papel. É a contradição entre o princípio Constitucional e o Regulamentador.

O que ocorreu na realidade foi que, apesar de declarados livres, os sindicatos foram de fato incorporados ao Estado e à sua frente ficaram os "pelegos", quase funcionários do Ministério do Trabalho. O regime legal (Decreto-lei n. 1.402 de 5.7.1939) favorecia tal estado de coisa, mesmo porque a Carta de 1937 considerava a greve e o *lock-out* "recursos antissociais, nocivos ao trabalho e ao capital e incompatíveis com os superiores interesses da produção nacional".[21]

De fato, uma das peculiaridades da legislação trabalhista repousa precisamente na ausência de mecanismos para a resolução das queixas nos locais de trabalho, tais como delegados sindicais ou sistemas de arbitragem. Mesmo hoje "a maioria dos conflitos rotineiros relacionados a problemas nos locais de trabalho, como é o caso das demissões, é tratada por meio de ação individual via Justiça do Trabalho".[22]

O princípio da "pluralidade" e da "autonomia" dos sindicatos, estabelecido na Constituição de 1934, foi retirado pela nova Constituição, promulgada em 1937, uma vez que essa instituiu o sindicato único e, consequentemente, seu amplo controle por parte do Estado. Segundo Oliveira Vianna, "este pensamento do legislador constituinte no sentido da unidade sindical é patente, não só no texto do art. 138, consagrado especialmente à matéria sindical, como em outros artigos da mesma Constituição, que regulam matéria social e econômica".[23]

Desse modo, a Carta Constitucional de 10 de novembro de 1937, imposta por Getúlio Vargas, com ostensivo apoio das forças armadas, modificou a organização do Estado, que era de caráter corporativo. Segundo Süssekind, "(...) marcando sua tendência corporativista, instituiu o Conselho de Economia Nacional, cujos membros seriam indicados pelas entidades sindicais de empregadores e de trabalhadores" (art. 57). Esse Conselho do Parlamento Nacional (art. 38) seria um órgão consultivo e teria o encargo de "promover a organização corporativa da economia nacional", sendo competente para legislar sobre o direito coletivo do trabalho (art. 61)".[24]

Aurélio; RAMALHO, José Ricardo (Orgs.). *Além da fábrica*. 1. ed. São Paulo: Boitempo, 2003. p. 264.
(20) GOMES, *op. cit.*, p. 160.
(21) LEARTH, *op. cit.*
(22) Idem.
(23) VIANNA, Oliveira. *Problemas de direito sindical*. Rio de Janeiro: Max Limonad. v. 1. p. 3.
(24) SÜSSEKIND, *op. cit.*, p. 346.

Segundo Amauri Mascaro Nascimento, "o novo texto constitucional, no que se refere à liberdade sindical, sofreu restrições e acabou por se tornar destituído de conteúdo real. O princípio adotado foi o do sindicato único na mesma base territorial, não houve liberdade de criação de sindicatos".[25]

Segundo o mesmo autor, aos sindicatos reconhecidos "foram conferidos o poder de impor contribuições sindicais, as funções do sindicato foram consideradas semipúblicas", o que nos leva a compreender melhor o modelo de sindicato instituído como modelo vertical, ou seja, sindicato na base e as federações e confederações, em formação de degraus, facilitando assim o controle sobre toda categoria, tal como na Itália.

O art. 138 da Carta de 1937 dispunha que:

A associação profissional ou sindical é livre. Somente, porém, o sindicato regularmente reconhecido pelo Estado tem o direito de representação legal dos que participarem da categoria de produção para que foi constituído, e de defender-lhes os direitos perante o Estado e as outras associações profissionais, estipular contratos coletivos de trabalhos obrigatórios para todos os seus associados, impor-lhes contribuições e exercer em relação a eles funções delegadas de poder público.

Segundo Antonio Carlos Flores de Moraes, trata-se de uma tradução, quase que literal e ao pé da letra, da Declaração III, da *Carta del Lavoro* fascista italiana, de 21.4.27.[26]

Nesse contexto é que a Consolidação das Leis do Trabalho foi aprovada em 1º de maio de 1943, na vigência da Carta Constitucional de 1937, tendo que reproduzir essa legislação sindical, o que contrastou com a sistematização das leis do primeiro período da revolução de 1930 e com o preenchimento do vazio legislativo então existente, de iniciativa dos membros da Comissão que a elaboraram, os quais se inspiraram nas convenções da Organização Internacional do Trabalho, na encíclica *"Rerum novarum"* e nas conclusões do Primeiro Congresso Brasileiro de Direito Social (São Paulo, 1941).

Entretanto, com o fim da II Grande Guerra Mundial, que assinala a derrota do fascismo, deu-se no Brasil, como em outros países latino-americanos, o início da redemocratização, quando a ditadura e o caudilhismo perderam terreno – de maneira sensível –, enquanto o socialismo emergia como sistema mundial, partilhando com o capitalismo os destinos do mundo contemporâneo. Tratou-se de uma abertura democrática que favoreceu a atuação de diversas correntes políticas, até então contidas na ilegalidade, tal como ocorrera no fim da I Grande Guerra. O movimento sindical, em várias partes do mundo, beneficiou-se com o fenômeno de verdadeiro diálogo democrático, favorecido com a criação da Organização das Nações Unidas. Abre-se, por conseguinte, uma nova fase para o movimento sindical brasileiro, que, desde 1945, pôde ser chamado de período competitivo.[27]

---

(25) NASCIMENTO, op. cit., p. 84.
(26) MORAES, Antonio Carlos Flores de. *Introdução ao direito do trabalho*. 9. ed. São Paulo: LTr, 2002. p. 629.
(27) RODRIGUES, op. cit., p. 21.

Segundo José Albertino Rodrigues, "não se deve perder de vista o fato de que a estrutura sindical edificada pelo Estado Novo se manteve intacta, de modo a permitir a manutenção dos instrumentos de controle". Apenas se acrescentou um instrumento novo, um decreto-lei, regulamentador do direito de greve, promulgado pelo presidente eleito, mas no período em que, reunida a constituinte, governava ainda com base na Carta Fascista de 1937, cujo objetivo era limitar aquele direito. Nessas condições, o "peleguismo" não desapareceu e o Ministério do Trabalho fez uso repetidas vezes da faculdade de intervenção nas entidades sindicais.[28]

Com a queda do regime ditatorial, foi promulgada a nova Constituição democrática de 18 de setembro de 1946, que rompeu com os princípios da Carta de 1937, porém, em matéria de organização sindical, previu em seu art. 159 que: "é livre a associação profissional ou sindical, sendo reguladas por lei a forma de sua constituição, a sua representação legal nas convenções coletivas de trabalho e o exercício de funções delegadas pelo poder público".[29]

Nessa fase de redemocratização do País, em 1946, a nova Constituição Federal representou, segundo Russomano, duas vitórias simultâneas em matéria de leis trabalhistas:

> a) Em primeiro lugar, foi ampliado, abrangido, em sua totalidade o que o direito anterior ignorava: reconhecimento do direito de greve, repouso remunerado em domingos e feriados, extensão do direito à indenização de antiguidade e à estabilidade ao trabalhador rural, a par de outras recomendações que o legislador ordinário não adotou desde logo, como no caso da participação do trabalhador nos lucros da empresa; b) Em segundo lugar, a Constituição de 1946 incluiu a Justiça do Trabalho entre os órgãos do Poder Judiciário federal. O preceito magno cortou, assim, o cordão umbilical que a prendia ao Ministério do Trabalho. Muito embora, anteriormente, pouco a pouco, a legislação ordinária fosse limitando o poder de ingerência do Ministro do Trabalho na vida funcional da Justiça do Trabalho, aquela norma constitucional fez a definitiva separação entre os dois organismos.[30]

Nos anos 1950 e 1960, o movimento sindical passou a ter uma atuação mais política, quando a participação dos partidos políticos aumenta. O movimento sindical passa a ter maior expressão e destaque, pois cresce em organização e em reivindicações, e um dos resultados é a formação da CGT em 1960.

Os camponeses organizam-se, e, em novembro de 1961, realizou-se o primeiro Congresso Nacional dos Lavradores e Trabalhadores Agrícolas, unindo-se em termos de reivindicação, com os trabalhadores urbanos. Surgem, nesse período, as Ligas Camponesas que se contrapõem à ação da Igreja.

---

(28) *Ibidem*, p. 22.
(29) MORAES, *op. cit.*, p. 630.
(30) RUSSOMANO, *op. cit.*, p. 32.

O deputado Carlos Lacerda passou a criticar e a atacar o governo, instituindo, assim, uma crise no movimento sindical. Muitos sindicatos foram fechados. Os dirigentes sindicais, sem apoio político nas bases, não levaram adiante o movimento. Muitos fugiram ou foram presos.

A reformulação da política econômica, iniciada em 1964, teve reflexos imediatos sobre as leis trabalhistas, subordinadas às metas prioritárias, que vão se estender desde essa época até nossos dias, dentre as quais o combate à inflação. Os principais reflexos deram-se nos aumentos salariais, que passaram de um sistema de reajuste, por meio de negociação coletiva, para um modelo padronizado, segundo o modelo oficial e a instituição da Lei n. 5.107, de 1966, do Fundo de Garantia por Tempo de Serviço.

A Constituição de 1967 favoreceu, haja vista, o retorno ao sistema de decretos-lei expedidos pelo Poder Executivo, que tornaram possíveis a elaboração mais rápida de leis novas, a realização de alterações profundas na Consolidação das Leis do Trabalho, no que diz respeito à identificação profissional, reforma na legislação sindical, mudança do estilo das convenções e às normas que aperfeiçoaram o funcionamento da Justiça do Trabalho.

Segundo observa João Batista Brito Pereira, "do fim da década de 1970 ao início da de 1980, a classe operária decidiu ser mais agressiva: mudou de comportamento e decidiu lutar por objetivos comuns, melhoria das condições de trabalho, melhorias coincidentemente com a denominada 'política de abertura' dos governos de então, naturalmente fruto delas. Registra-se, a partir daí, o abrandamento das restrições que os organismos sindicais sofriam. E aos governos militares da época credita-se, portanto, a nova ordem jurídica e o sucesso do movimento sindical, pois franqueavam o espaço para o crescimento deste a empregados e empregadores".[31]

Com o abrandamento das relações entre o Estado e o movimento sindical, houve um grande impulso em direção às negociações coletivas de trabalho, à taxa de sindicalização e às greves, surgindo ainda, conforme escreve João Batista Brito Pereira, o movimento em prol da criação das Centrais Sindicais no Brasil, o qual começou a ser desenvolvido na segunda metade da década de 1970, surgindo com efeito independente, mas ainda atrelado às regras impostas pelo Estado.[32]

Defendendo a liberdade e a autonomia sindicais, a organização dos empregados nos locais de trabalho, o fim do controle do Ministério do Trabalho sobre os sindicatos, o direito de greve, bem como a negociação direta entre patrões e empregados, sem a ingerência do Estado, entre outras bandeiras, o Sindicato dos Metalúrgicos de São Bernardo vai despontar e se consolidar no cenário político do fim dos anos 1970 como o polo de um sindicalismo que se distanciava cada vez mais do trabalho desenvolvido por aqueles sindicalistas que, tanto no campo conservador quanto nas fileiras da chamada esquerda

---

(31) PEREIRA, João Batista Brito. O sindicalismo no Brasil. Uma proposta para o seu fortalecimento. In: GIORDANI, Francisco Alberto da Motta Peixoto; VIDOTTI, Tárcio José (Coords.). *Direito coletivo do trabalho em uma sociedade pós-industrial*. São Paulo: LTr, 2003. p. 274.
(32) *Idem*.

ortodoxa, não privilegiavam um contato maior com os trabalhadores nas empresas e, além disso, defendiam a permanência do Estado na esfera das relações capital/trabalho.

É, pois, a partir dos temas relacionados às condições de trabalho e salários, assim como às condições de vida dos metalúrgicos, no fim da década de 1960 e início de 1970, que o surgimento dessa nova *praxis* sindical altera, sobremaneira, a correlação de forças no interior do sindicalismo, resgatando, para os trabalhadores, a luta por direitos, a partir do local de trabalho. Isso, sem dúvida, causará um grande impacto no conjunto dos metalúrgicos, no primeiro momento, e, posteriormente, em amplas parcelas das classes trabalhadoras.

A passagem de uma luta extremamente defensiva e localizada para uma ação mais ampla, no fim dos anos 1970 e início dos 1980, quando os conflitos começam a eclodir por todos os lados, com greves por categorias, por fábricas, e mesmo greves gerais, foi um marco na história do sindicalismo brasileiro. O verdadeiro ponto de inflexão foram as greves por fábrica, iniciadas em São Bernardo, em maio de 1978, e elas se estenderam, em seguida, praticamente pelo País inteiro. Tendo como ponto de partida as paralisações iniciadas em maio de 1978, o novo sindicalismo consolidou um avanço importante na experiência trabalhista em nosso país, nessas últimas duas décadas.

O ano de 1978 foi fundamental para a ação sindical no Brasil. A sociedade civil foi tomada de surpresa. De repente, os trabalhadores, que raramente eram mencionados nos jornais, da chamada grande imprensa, quando muito apenas nos cadernos de economia, passam a ocupar as primeiras páginas de todos os periódicos, além do noticiário do rádio e da televisão. De um momento para outro, suas greves são colocadas no centro das atenções políticas do País inteiro.

Segundo assevera Márcio Pochmann, nos anos 1980, contudo, a Justiça do Trabalho retomou seu poder normativo, anteriormente esvaziado pelo regime militar. Mas isso não significou a subordinação das relações capital-trabalho, pois o fortalecimento das organizações sindicais liberou a dinâmica das negociações coletivas.[33]

Com a nova República em 1985, teve início, no plano jurídico, a liberalização dos sindicatos. As Centrais Sindicais, antes proibidas por uma portaria do Ministério do Trabalho, passaram a ser admitidas, surgindo, assim, três centrais sindicais – passo importante na ruptura do modelo representativo mantido pelos governos militares: a CGT – Central Geral dos Trabalhadores, a CUT – Central Única dos Trabalhadores e a USI – União Sindical Independente, às quais, mais tarde, se somariam outras duas, a Força Sindical – FS e a nova CGT – Confederação Geral dos Trabalhadores.

Nesse novo momento, não houve mais intervenção em sindicatos, que passaram a aprovar os próprios estatutos eleitorais antes submetidos a um estatuto-padrão elaborado pelo Ministério do Trabalho. Houve uma abertura de perspectivas políticas no sentido de uma abertura das relações entre o Estado e o sindicato.

---

(33) POCHMANN, Márcio. *Relações de trabalho e padrões de organização sindical no Brasil*. São Paulo: LTr, 2003. p. 73.

O processo de abertura política e de redemocratização do País, iniciado com a Nova República, no fim dos governos militares, surgiu em 1987, no Estado de São Paulo, centro de maior número de trabalhadores, mais precisamente na região denominada de ABC, por reunir as cidades de Santo André, São Bernardo do Campo e São Caetano do Sul, altamente industrializadas, principalmente pela indústria automobilística. Ergueu-se um movimento sindical reivindicativo, ao mesmo tempo em que cresceu o Partido dos Trabalhadores, nova agremiação política, combinando-se a ação política com a ação sindical, do que resultou uma nova atuação dos trabalhadores no relacionamento com as empresas, promovendo o fortalecimento dos sindicatos.

Segundo Pochmann:

> (...) apesar de ter sido mantido o monopólio de representação sindical e a unicidade sindical na base mínima geográfica, mesmo com os avanços da Constituição Federal de 1988, ampliou-se a quantidade de centrais sindicais e de organizações patronais. Teve importância também a generalização de acordos coletivos com conteúdos muito similares para o conjunto das categorias profissionais, por meio da atuação dos sindicatos na década de 1980, o que influenciou certa redução na distinção entre os diversos padrões de usos e remuneração da força de trabalho.[34]

A partir da década de 1990, entretanto, as organizações sindicais brasileiras passaram por um revés significativo, tendo perdido sindicalizados, reduzido a cobertura dos acordos coletivos de trabalho e diminuído a quantidade de greves, sinalizando uma situação bem distinta da verificada nos anos 1980, tanto no sindicalismo patronal como no laboral.[35]

Adalberto Moreira Cardoso, ao escrever sobre os sindicatos e a segurança socioeconômica nos anos 1990, afirma que "o ambiente selvagem dos anos 1990 trouxe os sindicatos e as centrais sindicais a uma encruzilhada de novo caráter no Brasil, se a compararmos com as várias conjunturas históricas críticas enfrentadas pelo sindicalismo desde pelo menos a Revolução de 1930".[36]

Nesse contexto, observa-se que, a partir do ano de 1990, o Estado liberou as amarras que atavam a ele o sindicalismo, com a "revogação dos preceitos legais que davam ao Ministério do Trabalho o poder de registrar e reconhecer os sindicatos, de regular seus estatutos, fiscalizar suas contas e intervir nas eleições sindicais, peias da política brasileira até 1988". A consequência, segundo Cardoso, foi a "fragmentação sem precedentes do sindicalismo no País, que chegou ao fim da década de 1990 com mais de 20 mil instituições reconhecidas ou em processo de reconhecimento".[37]

---

(34) Idem.
(35) Idem.
(36) CARDOSO, op. cit., p. 260.
(37) Idem.

Houve, então, uma mudança radical nas demandas do sindicalismo. Devido às transformações na produção, na organização e na gestão do trabalho — a chamada reestruturação produtiva —, a agenda sindical voltou-se para o interior da empresa, para a discussão de temas mais diretamente relacionados à problemática do trabalho, sejam vinculados à organização e à gestão do trabalho, sejam relacionados à remuneração variável, como a Participação nos Lucros e Resultados (PLR), ou, ainda, os que dizem respeito à flexibilização da jornada de trabalho, como banco de horas, entre outros.

Segundo pesquisa realizada pelo IBGE, pesquisa sindical de 1992, constata-se que a fragmentação sindical estaria relacionada com o crescimento do número de sindicatos, principalmente nos anos 1980, não significando, porém, esse surgimento de novos sindicatos, uma maior organização por parte dos trabalhadores.

Desse modo, o sindicato brasileiro passou por várias fases que, segundo os estudiosos do assunto, encontram-se caracterizadas sumariamente como sendo: período mutualista (antes de 1888); período de resistência (1888-1919); período de ajustamento (1919-1934); período de controle (1934-1945); e, por último, o período competitivo (1945-1964), encontrando-se hoje em um período de desafios.

O que se viu ao longo da história sindical brasileira foi pouca prática do debate ou discussão do trabalhador com o seu patronato, haja vista a Justiça do Trabalho que o protegia e o defendia, a fim de garantir o espaço para o sindicato e para a sindicalização na própria norma; porém os patrões, quando não o governo, utilizavam-se de todos os expedientes para prejudicar os trabalhadores que no sindicato se inserissem havendo a acomodação, por parte da maioria dos dirigentes sindicais, em vista da garantia de contribuição mensal obrigatória; estes, sem postura ideológica clara, viam-se obrigados a mascarar suas diferenças ideológicas internas pela figura da unicidade.[38]

Surgiram inúmeros protestos, cabendo destacar a evidência de que, no nível individual, o trabalhador é considerado a parte mais fraca na relação de emprego, o que não se dá necessariamente no nível coletivo. O que se discute é a forma assistencialista de implantação da base protetiva, a qual, por um lado, se revelou fator desmobilizador da classe laboral e, por outro, arrebanhador de postos e votos para os políticos. Todavia, há que se reconhecer a competência do governo brasileiro, sobretudo do governo Getúlio Vargas, em desmobilizar, angariar a simpatia e promover a cooptação da maioria dos trabalhadores do País, obtendo votos desses trabalhadores e de seus familiares, tornando possível, como se deu, o retorno à presidência, via voto popular.[39]

Esses fatos históricos explicam por que o sindicato começou sendo uma associação puramente privada, malvista pelo Estado, repelida por ele e, depois, tolerada; a sua elevação à condição de entidade de direito público, agindo em colaboração com o Estado e a ele associado, é um fato recentíssimo, pode-se dizer que contemporâneo, ao aparecimento dos modernos regimes autoritários na Europa e na América.[40]

---

(38) RODRIGUES, *op. cit.*, p. 5-19.
(39) *Idem*.
(40) VIANNA, *op. cit.*, p. 10.

Porém, não se pode esquecer de que, apesar de todos os esforços, mantiveram-se os mesmos moldes corporativistas anteriores, ainda que tenham ocorrido iniciativas no fim dos governos militares e a eclosão do movimento sindical do ABC, sob a liderança de Luiz Inácio Lula da Silva, militante ativo, ex-presidente do Brasil; esse movimento ganhou força com a Constituição de 1988, que não só formalizou algumas experiências que já vinham ocorrendo, mas introduziu modificações. A Constituição de 5 de outubro de 1988 assegurou a autonomia das respectivas associações, mas afrontou, em importantes aspectos, a liberdade sindical.

2.2. O sindicato e as Constituições brasileiras

No Brasil, a primeira afirmação em texto constitucional sobre as organizações profissionais – naquele tempo, mais religiosas e de orientação política do que profissional – encontra-se na Constituição de 1824, chamada Constituição Política do Império do Brasil, na qual se estabelece, no § 25, do art. 179: "Ficam abolidas as corporações de ofício, seus juízes, escrivães e mestres".

Depois veio a Constituição Republicana, de 1891, feita sob a influência dos Estados Unidos, que não trouxe nada a respeito de sindicato, com exceção apenas de seu art. 72, inciso 24, que estabeleceu: "É garantido o livre exercício de qualquer profissão moral, intelectual e industrial".

Somente o Supremo Tribunal Federal, em *habeas corpus* julgado em 22.11.2000, entendeu que o disposto no art. 72, § 8º, garantindo a liberdade de associação, também garantia o da sindicalização e o da greve. Três anos antes, julgando outro pedido de *habeas corpus* em 11.7.1997, afirmara que: "O ideal socialista de se substituir o contrato individual do trabalho pelo sindicalismo, tornando o operário um simples autônomo, que obedece cegamente às ordens dos diretores dos sindicatos, é formalmente condenado pelos mais autorizados mestres da própria escola radical".[41]

A Constituição de 1934, originária do Governo Provisório, instalado no País em 11.11.1930, teve a primazia de introduzir um capítulo dedicado à Ordem Econômica e Social em nossas Constituições. O problema sindical foi mencionado de maneira expressa no art. 120, em seu parágrafo único:

Art. 120. Os sindicatos e as associações profissionais serão reconhecidas de conformidade com a lei.

Parágrafo único. A lei assegurará a pluralidade sindical e a completa autonomia dos sindicatos.

Também o art. 23 previa a existência das organizações sindicais, ao tratar da representação profissional na Câmara dos Deputados.

---

(41) AZEVEDO, José Affonso Mendonça de. *A Constituição Federal interpretada pelo Supremo Tribunal*. (1891 a 1924). Rio de Janeiro: Revista do Supremo Tribunal, 1925. p. 353.

Adotando a pluralidade sindical, a orientação do legislador constituinte de 1934, procurando firmar um sentido antifascista ao texto, nada mais fez, entretanto, do que atender à necessidade política de criar sindicatos, visando à formação da representação profissional.

As justificativas a favor da pluralidade sindical eram de cunho político, havia fortes interesses da Igreja e daqueles que argumentavam contra o fascismo italiano.

José Alberto Rodrigues, ao expor sobre o desenvolvimento do sindicato no Brasil, descreve fatos interessantes sobre o tema pluralidade sindical, a exemplo da famosa "Exposição de Motivos" usada pelo primeiro Ministro do Trabalho, Lindolfo Collor, para justificar o Decreto n. 19.770, de 19.3.1931, que fala simultaneamente das aspirações dos trabalhadores e das necessidades dos patrões e torna claro o objetivo de atingir um "resultado apreciável na justa e necessária conjugação dos interesses patronais e proletários".[42]

No mesmo sentido foi a exposição do próprio Vargas, ao justificar a mesma lei, quando diz textualmente:

> As leis, há pouco decretadas, reconhecendo essas organizações, tiveram em vista, principalmente, seu aspecto jurídico, para que, em vez de atuarem como força negativa, hostis ao poder público, se tornassem, na vida social, elemento proveitoso de cooperação no mecanismo dirigente do Estado. Explica-se, assim, a conveniência de fazê-las compartilhar da organização política, com personalidade própria, semelhante à dos partidos, que se representam de acordo com o coeficiente das suas forças eleitorais.[43]

O Decreto Legislativo n. 24.694 de 12.7.1934, expedido por Getúlio Vargas às vésperas da promulgação da Constituição, frustrou a pluralidade sindical, preconizada ao exigir um terço do grupo de trabalhadores para a formação do sindicato.

Depois veio a Carta Constitucional de 10.11.1937, elaborada por uma Câmara Constituinte. De caráter corporativo, como dito pelo próprio autor do projeto, Oliveira Viana, ela previu que o Parlamento Nacional teria a colaboração do Conselho da Economia Nacional, constituído de representantes dos empresários e dos trabalhadores, designados pelas respectivas entidades sindicais. Esse Conselho, porém, não chegou a ser instalado.[44]

Outorgada por Getúlio Vargas, com ostensivo apoio das Forças Armadas, a Carta de 1937, depois de enunciar que "a associação profissional ou sindical é livre", deu ao sindicato reconhecido pelo Estado: a) o privilégio de representar a todos os que integram a correspondente categoria; b) a prerrogativa de estipular contratos coletivos de trabalho; c) o poder de impor contribuições aos seus representados e de exercer funções delegadas do Poder Público (art. 138). A greve e o *lockout* foram declarados

---

(42) RODRIGUES, José Albertino. *Sindicato e desenvolvimento no Brasil*. São Paulo: Difel, 1968 (Coleção Corpo e Alma), p. 70.
(43) *Idem*, p. 70.
(44) GOMES, Orlando; GOTTSCHALK, Elson. *O sindicalismo no Brasil*. Rio de Janeiro: Forense, 2004. p. 536.

"recursos antissociais, nocivos ao trabalho e ao capital e incompatíveis com os superiores interesses da produção nacional" (art. 139, *in fine*).[45]

A Constituição democrática de 18.9.1946, votada por Assembleia Constituinte legalmente convocada, inspirada em ideais democráticos e simpática à ideologia, corporativa ou fascista, promulgada após o novo golpe de Estado, em 1945, estabeleceu a liberdade sindical, mas não impediu o regime da unidade. Da leitura do art. 159, ficou estabelecido que:

> É livre a associação profissional ou sindical, sendo reguladas por lei a forma de sua constituição, a sua representação legal nas convenções coletivas de trabalho e o exercício de função, delegadas pelo Poder Público.

Analisando o art. 159, constata-se que a Constituição de 1946 deixou para a legislação ordinária a solução das questões atinentes à organização sindical e à disciplina sobre o exercício de greve, direito este que a própria Constituição reconheceu.

As normas da CLT sobre organização sindical haviam sido recepcionadas pela nova Carta Magna. Esse entendimento foi proclamado reiteradamente pelo próprio Supremo Tribunal Federal.

A Constituição de 1967 foi promulgada no período em que o Brasil se encontrava sob o regime militar, instaurado com a Revolução de 30.3.1964. De um modo geral, ela manteve, a propósito, as disposições da de 1946. Refletindo algumas concepções da revolução de 1964, não alterou os enunciados constitucionais sobre o tema, apenas tornou obrigatório o voto nas eleições sindicais e delegou aos sindicatos a função de "arrecadar, na forma da lei, contribuições para o custeio da atividade dos órgãos sindicais e profissionais e para a execução de programas de interesse das categorias por eles representadas" (art. 166, §§ 1º e 2º).

Finalmente, veio a Constituição de 1.10.1988, que, ao enumerar os fundamentos do Estado Democrático de Direito, da República Federativa do Brasil, traz em seu bojo a valorização da dignidade da pessoa humana e os valores sociais do trabalho e da livre-iniciativa.

Advindo de um acordo entre parlamentares do centro e de algumas lideranças sindicais de trabalhadores e de empresários, o art. 8º da Constituição de 1988 consagrou a plena autonomia sindical e, ao mesmo tempo, estabeleceu o monopólio de representação sindical por categoria, o que afronta o princípio da liberdade sindical. Por outro lado, possibilitou a manutenção da contribuição sindical compulsória e ainda conferiu um poder tributário anômalo aos sindicatos.

Entretanto, a Constituição de 1988, depois de enunciar, tal como as que a precederam em 1937 (art. 138), 1946 (art. 159) e 1967, revista em 1969 (art. 166), asseverou, no art. 8º, *caput*, que: "É livre a associação profissional ou sindical, observado

---

(45) SÜSSEKIND, Arnaldo. *Instituições de direito do trabalho*. São Paulo: LTr, 2005. p. 1.125.

o seguinte:". O art. 8º, *caput,* acrescentou uma restrição expressa, quando determinou que fosse "observado o seguinte:", o inciso II do art. 8º, diz claramente que é vedada a criação de mais de uma organização sindical, em qualquer grau, representativa de categoria profissional ou econômica, na mesma base territorial, que será delimitada pelos trabalhadores ou empregadores interessados.

Com razão, Arnaldo Süssekind, ao dizer que: "o que se segue, nos incisos II e IV, é uma afronta ao princípio universalizado de liberdade sindical, visto que impõe a unicidade sindical compulsória por categoria e autoriza contribuições obrigatórias em favor das associações que formam o sistema confederativo de representação sindical".[46]

A Assembleia Constituinte brasileira de 1988, apesar de ter cantado em prosa e verso que asseguraria a liberdade sindical, na verdade a violou, seja ao impor o monopólio de representação sindical e impedir a estruturação do sindicato, conforme a vontade do grupo de trabalhadores ou de empresários, seja ao obrigar os não associados a contribuir para a associação representativa de sua categoria.[47]

Por via de consequência, o Brasil não pode ratificar a Convenção n. 87, da OIT, enquanto viger o art. 8º, da Constituição Federal, tal como foi aprovado em outubro de 1988.

2.3. Evolução do movimento sindical nos países europeus

Impossível é estudar e entender o sindicalismo sem retornar às origens históricas, sem comparar suas características em diferentes países, onde os movimentos sindicais se alteravam sempre que ocorria algum tipo de ruptura, um evento maior, uma guerra ou depressão econômica, que mudasse drasticamente o ambiente.

Para Schutte, a primeira fase do movimento sindical, de forma geral,

> (...) tomou sua forma básica por causa dos seguintes fatores bastante diferenciados entre um país e outro: o grau e a fase de industrialização, o grau de concentração da economia, a força das associações patronais, o processo democrático, a influência do partido socialista, o processo democrático, a influência do partido socialista e a relação partido-sindicato, a influência de forças políticas católicas ou protestantes, o tamanho da economia, a orientação da classe dominante, o reconhecimento do Estado e o grau de interferência do governo nas negociações coletivas.[48]

Durante o período de 1890 a 1914, houve a ocorrência de evoluções sindicais análogas. Segundo Hobsbawm, em termos de Europa, "o caso britânico naquela época era

---
(46) SÜSSEKIND, Arnaldo. *Direito constitucional do trabalho*. Rio de Janeiro: Renovar, 2001. p. 347.
(47) SÜSSEKIND, *op. cit.*, p. 348.
(48) SCHUTTE, Giorgio Romano. Sindicalismo na Europa e sindicalismo europeu. In: FACCIO, Odilon Luís; LORENZETTI, Jorge (Coords.). *Sindicalismo na Europa, Mercosul e Nafta*. São Paulo: LTr, 2000.

exclusivo, um 'velho' sindicalismo já estabelecido e significativo, enraizado nas indústrias básicas do país, a ser combatido, transformado e expandido".[49]

A mesma situação já não se via na Bélgica, outro exemplo de país do velho continente, e na Alemanha, onde os sindicatos eram livres, uma vez que nesses países já se encontrava em vigor um "novo sindicalismo", bastante avançado, inclusive em relação ao número de associados, os quais, segundo Hobsbawm, "haviam chegado a uma força numérica comparável à dos 'velhos sindicatos' britânicos, em 1887".[50]

Segundo Hobsbawm, no continente europeu, o movimento sindical desenvolveu-se simultaneamente como movimento político operário de massa, seus partidos, e predominantemente sob seu impulso. Seus maiores problemas surgiram quando atingiu importância suficiente para descobrir que "as políticas dos líderes sindicais, por mais socialistas que fossem, não podiam ser completamente congruentes com as políticas da liderança dos partidos socialistas"[51].

Conforme visto no presente estudo, é importante entender que a organização da classe trabalhadora, a formação e o crescimento dos sindicatos não ocorreram apenas na Inglaterra. Conforme observa Calvete, "na Inglaterra, devido ao maior avanço do sistema capitalista de produção, a organização dos trabalhadores aconteceu antes que em outros países".[52]

A exemplo dos trabalhadores da Inglaterra, aqueles dos demais países também foram se estruturando, gerando organizações com culturas e histórias distintas, assim como em estágios diferentes do capitalismo, "originando outros tipos de propostas e tendências, que se contrapunham em alguns aspectos à visão 'economicista' das *trade unions* inglesas".[53]

É certo também que, além das *trade unions*, outras correntes tiveram presença marcante na evolução do sindicalismo mundial: a revolucionária ou anarquista surgiu em países como França e Itália, no século XIX, onde o capitalismo não estava tão avançado e havia uma concentração industrial; a corrente socialista, influenciada pelos socialistas e social-democratas, teve Marx como seu maior expoente e a Alemanha como seu berço. A última é a corrente reformista dominante, oriunda dos Estados Unidos, semelhante às *trade unions* inglesas. Essa corrente não nega que os sindicatos são um meio de luta para o atendimento das reivindicações dos trabalhadores, principalmente das econômicas.[54]

Ainda que sob várias tendências, a evolução do sindicalismo sempre trilhou um único caminho, o caminho da união da classe trabalhadora em busca de melhores

---

(49) HOBSBAWM, Eric J. *Mundos do trabalho* – novos estudos sobre história operária. 2. ed. São Paulo: Paz e Terra, 1988. Tradução de: Worlds of labour – further studies in the history of labour. p. 221.
(50) *Ibidem*, p. 222.
(51) *Ibidem*, p. 221-222.
(52) CALVETE, Cássio. *Estudo da relação entre as estruturas sindicais e as formas de organização do processo de produção*. Disponível em: <www.abphe.org.br/congresso2003/textos> Acesso em: 25 jan. 2005.
(53) *Idem*.
(54) *Idem*.

condições de vida, na luta contra a exploração de sua força de trabalho, levando os trabalhadores a darem-se as mãos em busca de uma trajetória de ampla cooperação, solidariedade e, principalmente, de maturidade, consolidando, assim, seu legítimo papel de representante dos interesses da classe trabalhadora.

Todas as transformações ocorridas na sociedade "foram fundamentais para que o movimento sindical continuasse em seu papel histórico de proteção e de instrumento de resistência dos trabalhadores", como representante dos seus interesses.[55]

---

(55) *Idem.*

CAPÍTULO III

AUTONOMIA E LIBERDADE SINDICAL

O amadurecimento da classe operária e a necessidade de uma organização própria em torno de seus interesses fizeram com que a classe operária se tornasse forte politicamente e se organizasse em sindicatos.

Os avanços nesse sentido foram muitos, dentre os quais se destacam: a Constituição de Weimar, em 1919, que foi a primeira a permitir expressamente a liberdade associativa dos trabalhadores; a Declaração Universal dos Direitos do Homem, em 1948, que determina que todo homem tem direito a ingressar num sindicato (art. XXIII, 4); e, em seguida, a Organização Internacional do Trabalho – OIT, em 1948, que determinou as linhas gerais que devem reger a atividade sindical em sua Convenção n. 87.

Hoje, poucos países põem em questão a existência de sindicatos. A leitura dos textos de leis e a observação das realidades nacionais mostram, entretanto, que ainda são numerosas as restrições à liberdade de constituir organizações de trabalhadores e de a elas se filiar. Essas restrições concentram-se essencialmente em três elementos: limitações dos direitos sindicais de algumas categorias de trabalhadores; existência de uma autorização prévia da parte dos poderes públicos; e a rejeição da livre escolha do sindicato.[1]

3.1. Liberdade sindical e os direitos fundamentais do homem

A liberdade sindical, garantida em todos os países democráticos, ainda é o centro das preocupações da sociedade contemporânea e tem sido consagrada solenemente como um dos direitos fundamentais do homem, pois ela constitui a base sobre a qual é construída toda a estrutura das relações coletivas de trabalho.[2]

O art. 2º, da Convenção n. 87, da Organização Internacional do Trabalho – OIT –, estabelece a igualdade de direitos de todos os trabalhadores, qualquer que seja seu setor de atividade, opinião política, sexo, nacionalidade, raça, e a de criação de sindicatos.

Conforme bem explicita Jean-Michel Servais, "os diversos sistemas de monopólio sindical impostos aos trabalhadores desviam-se, em alguns países, do princípio da livre escolha. Em termos objetivos, esse princípio não supõe o pluralismo das organizações profissionais, pretendem simplesmente consagrar o direito de todo grupo de trabalhadores de

---

(1) SERVAIS, Jean-Michel. *Elementos de direito internacional e comparado do trabalho*. Tradução: Edílson Alkmin Cunha. São Paulo: LTr, 2001. p. 48.
(2) ROZICKI, Cristiane. *Aspectos da liberdade sindical*. São Paulo: LTr, 1998. p. 75.

constituir uma organização fora da estrutura existente, se acharem a solução conveniente à defesa de seus interesses materiais ou morais". Em suma, se os trabalhadores acharem vantajoso evitar a multiplicação dos sindicatos, a unidade do movimento sindical deve ser consentida e não imposta por intervenção do Estado.[3]

As Convenções ns. 87 e 98, e os outros instrumentos adotados pela Organização Internacional do Trabalho – OIT –, no campo da liberdade sindical, aplicam-se, em princípio, à totalidade dos trabalhadores, qualquer que seja o tipo de trabalho. Cobrem, por exemplo, os trabalhadores em casa, os temporários e mesmo os autônomos.[4]

Porém, na prática, não se constata a ocorrência da liberdade consagrada pela OIT. É o que preleciona Jean-Michel Servais: "Na prática, entretanto, é fato conhecido, esses trabalhadores têm muita dificuldade de sindicalizar-se, tendo em vista sua dispersão, a instabilidade do emprego e todas essas circunstâncias que tornam precisamente precário seu trabalho".[5]

Desse modo, parte da crise de representatividade, portanto, decorre do desenvolvimento tecnológico do trabalhismo e, em parte, da burocratização do sindicalismo.

Outros aspectos que dificultam a consagração da liberdade sindical são as condições impostas pela legislação nacional à constituição de uma organização de trabalhadores, na medida em que se "exige um número mínimo de trabalhadores no local de trabalho ou, para esses, um mínimo de antiguidade na profissão ou na empresa, chegando até mesmo a impedir, se tal não é o objetivo, que alguns grupos se sindicalizem".[6]

Uma das mais importantes criações da Organização Internacional do Trabalho, a Convenção n. 87, aprovada na 31ª reunião da Organização, no dia 9 de julho de 1948, constitui o primeiro documento internacional que conseguiu reunir e apresentar ao mundo as condições necessárias que devem ser oferecidas aos sindicatos, para a total configuração de um sindicalismo autônomo e espontâneo.

O objetivo claro da Convenção n. 87 é resguardar a liberdade sindical frente à intervenção do Estado.

De acordo com Jean-Michel Servais, a liberdade sindical faz parte dos direitos civis e políticos, os quais estão intimamente ligados.

> Saber se a liberdade sindical participa da natureza dos direitos econômicos e sociais ou da natureza dos direitos civis e políticos depende essencialmente da concepção que dela se tem nos diversos países. Vale, porém, observar que o direito de constituir sindicatos figura dois pactos das Nações Unidas sobre os direitos do homem, no pacto referente aos direitos civis e políticos, e no pacto relativo aos direitos econômicos, sociais e culturais, que trata mais extensamente do assunto.[7]

---

(3) SERVAIS, *op. cit.*, p. 47-48.
(4) *Ibidem*, p. 162.
(5) *Idem*.
(6) *Idem*.
(7) *Idem*.

Em termos objetivos, a liberdade sindical só pode ser verdadeiramente exercida num clima geral de respeito às grandes liberdades públicas, entre as quais estão as garantias contra execuções sumárias, maus-tratos e prisões arbitrárias, trabalho escravo, o que infelizmente ainda ocorre no Brasil de hoje e trabalho forçado nos EUA.[8]

Para Russomano, não se pode falar em liberdade sindical sem se admitir que exista, em determinado sistema jurídico, sindicalização livre, autonomia sindical e – em nosso juízo – pluralidade sindical.[9]

Por outras palavras: a liberdade sindical pressupõe a sindicalização livre contra a sindicalização obrigatória, a autonomia sindical contra o dirigismo sindical e a pluralidade sindical contra sua unicidade.[10]

Para uma melhor compreensão sobre autonomia e liberdade sindical, faz-se necessário esboçar uma pequena introdução sobre Direito Coletivo.

Segundo Mauricio Godinho Delgado, em *Direito Coletivo do Trabalho*, como segmento jurídico especializado, constitui um todo unitário, um sistema composto de princípios, categorias e regras organicamente integradas entre si.[11]

Desse modo, o Direito Coletivo é o ramo jurídico que regulamenta e engloba dois segmentos, um individual (empregado) e um coletivo (sindicato), contando com regras, institutos e princípios próprios, dentre os quais se destacam a autonomia e a liberdade sindical.

A liberdade sindical e sua autonomia são princípios assecuratórios da existência do ser coletivo obreiro. Segundo Delgado, "os princípios englobam, portanto, diretrizes que têm na liberdade e autonomia associativas sua proposição essencial. Abrangem, principalmente, os princípios da liberdade associativa e sindical e da autonomia sindical".[12]

Temos que o princípio da liberdade associativa e sindical postula pela ampla prerrogativa obreira de associação e, por consequência, pela sindicalização.

O princípio da liberdade de associação assegura consequência jurídico-constitucional a qualquer iniciativa de agregação estável e pacífica entre pessoas, independentemente de seu segmento social ou dos temas causadores da aproximação. Não se restringe, portanto, à área e a temáticas econômico-profissionais (nas quais se situa a ideia de liberdade sindical).[13]

Para Georgenor de Sousa Franco Filho, estudioso da matéria, a liberdade sindical basicamente distingue-se pela doutrina em dois ângulos: individual e coletivo. Como individual, merece exame sob os aspectos positivo e negativo, tendo como titulares os trabalhadores e os empregadores.[14]

---
(8) *Idem*.
(9) RUSSOMANO, Mozart Victor. *Princípios gerais de direito sindical*. Rio de Janeiro: Forense, 1998. p. 65.
(10) *Idem*.
(11) DELGADO, Mauricio Godinho. *Curso de direito do trabalho*. 2. ed. São Paulo: LTr, 2003. p. 1.292.
(12) *Ibidem*, p. 1.295.
(13) *Idem*.
(14) FRANCO FILHO, Georgenor de S. *Liberdade sindical e direito de greve no direito comparado*. São Paulo: LTr, 1992. p. 20.

Por liberdade positiva entende-se o direito do indivíduo de filiar-se a um sindicato para, assim, desenvolver a atividade sindical; já a liberdade negativa refere-se ao direito de não filiação ao sindicato.

A liberdade sindical coletiva, cujo sujeito é o próprio sindicato, está consagrada na Convenção n. 87, da OIT. Nesse sentido, há dois aspectos da autonomia sindical que são parte dinâmica dessa liberdade. "De um lado, é a autonomia interna, de constituir-se, estruturar-se e mesmo de dissolver-se, sem a intervenção estatal. De outro, é a autonomia da ação, na qual se agrupam os vários tipos de autotutela, com destaque para a negociação coletiva e o direito de greve".[15]

Com isso, pode-se afirmar, com certeza, que no mesmo grau de importância está o princípio da autonomia sindical, que cumpre o papel de assegurar condições à própria existência do ser coletivo obreiro.

Segundo Tatiana Ferreira, ao escrever sobre a autonomia coletiva e liberdade sindical, existe uma interdependência entre uma e outra, que operam em um duplo sentido, na medida em que "a liberdade sindical está na mesma base da autonomia coletiva, é um pressuposto para existência dessa e supõe ademais o reconhecimento jurídico dessa liberdade, por meio da consagração em textos formais; uma consagração na mesma praxe da vida sindical". Já "a autonomia coletiva reclama, pois, o reconhecimento e a existência da liberdade sindical".[16]

Delgado, comentando o princípio da autonomia sindical, observa que "o princípio da autonomia sustenta a garantia de autogestão às organizações associativas e sindicais dos trabalhadores, sem interferências empresariais ou do Estado". Trata-se, portanto, da "livre estruturação interna do sindicato, sua livre atuação externa, sua sustentação econômico-financeira e sua desvinculação de controles administrativos estatais ou em face do empregador".[17]

Preleciona José Carlos Arouca que "a autonomia é liberdade potencializada, é poder de ser livre; num primeiro momento, tem a ver com liberdade frente ao Estado, mas aí não como poder concorrente e sim como direito de não se subordinar a seu comando, ficando a salvo de qualquer ingerência em sua administração ou intervenção capaz de comprometer suas atividades".[18]

Desse modo, não se pode afirmar que há uma autonomia absoluta, porque sempre existirão limitações legais e assim legitimadas quando não comprometem ou anulam os princípios fundamentais de liberdade de expressão, de consciência, de crença, de convicção filosófica ou política. "O Estado Democrático de Direito, que dá sustentação à República, tem como fundamento a sua soberania, que é poder político, mas também

---

(15) *Idem*.
(16) FERREIRA, Tatiana. Algunas reflexiones sobre los efectos del convenio colectivo en los contratos individuales. In: *Veintitrés estudios sobre convenios colectivos*. Montevideo: Fundação de Cultura Universitária, 1988. p. 200-201.
(17) DELGADO, *op. cit.*, p. 1.301.
(18) AROUCA, José Carlos. *Repensando o sindicato*. São Paulo: LTr, 1998. p. 67-68.

a cidadania, que é garantia individual, além da dignidade da pessoa humana, os valores sociais do trabalho e da livre-iniciativa e, finalmente, o pluralismo político".[19]

Reconhece que tal segmentação resulta de particularidades importantes da história do sindicalismo, que não se destacaram com tanta ênfase na história das demais associações civis, culturais, políticas, religiosas e de outra natureza. É que, além do problema da liberdade sindical, em seu sentido estrito – liberdade de criação de entidades sindicais, com a consequente dinâmica de filiação e desfiliação de trabalhadores a tais entidades –, as lutas pela autonomia dos sindicatos perante o Estado e, em certo grau, também perante os empregadores, sempre foram cruciais à sorte do sindicalismo no Ocidente. O dilema da autonomia *versus* controle político-administrativo dos sindicatos sempre foi um dos problemas centrais da história do sindicalismo nos países ocidentais (no Brasil – inclusive, acentuadamente – como se sabe), razão por que o princípio maior da liberdade sindical se desdobrou em duas diretrizes correlatas: a da própria liberdade e a especificamente relacionada às questões da autonomia das entidades sindicais operativas.[20]

É verdade que, quando se fala no princípio genérico da liberdade de associação, nele se englobam, naturalmente, as matérias relativas à estruturação interna das entidades associativas e suas relações com o Estado. Entretanto, na história do Direito do Trabalho, desdobrou-se o princípio geral em dois, conforme já sugerido: o da liberdade sindical e o da autonomia dos sindicatos.[21]

Para uma melhor compreensão e estudo do tema, faz-se necessário trazer uma definição sobre liberdade e autonomia sindical, já que uma complementa a outra.

Ari Possidonio Beltran, ao tratar do assunto, escreve que "o termo autonomia significa, em suma, o poder atribuído a alguém de regulamentar e governar os próprios interesses". A autonomia coletiva é a pedra angular em matéria de relações coletivas do trabalho. Significa o poder conferido aos grupos organizados, de representação e de solução direta dos próprios interesses.[22]

Para Mannrich, é a "autonomia coletiva reconhecida pelos estudiosos, acertadamente, como forma adequada de modernização de normas, mesmo em hipóteses de omissão do legislador no que tange a aspectos relacionados com o Direito Administrativo do Trabalho".[23]

Luiza Galantino, comentando sobre liberdade sindical e autonomia, ante o modelo italiano, realça os seguintes aspectos: a) liberdade do indivíduo e do grupo de

---

(19) *Ibidem*, p. 68.
(20) DELGADO, *op. cit.*, p. 1301.
(21) *Idem*.
(22) BELTRAN, Ari Possidonio. *Os impactos da integração econômica no direito do trabalho, globalização e direitos sociais*. São Paulo: LTr, 1998. p. 218.
(23) MANNRICH, Nelson. A administração pública do trabalho em face da autonomia privada coletiva. In: MALLET, Estêvão; ROBORTELLA, Luiz Carlos Amorin (Coords.). *Direito e processo do trabalho*: estudos em homenagem a Octavio Bueno Magano. São Paulo: LTr, 1996. p. 540-543.

promover a organização sindical (com exclusão dos militares, em razão da prevalência do interesse público, e com limitações ao pessoal de segurança pública, que pode constituir sindicato, mas não pode se pôr em greve); b) liberdade do indivíduo de aderir ou não a uma organização sindical (liberdade sindical considerada positiva e liberdade sindical negativa – arts. 14, 15 e 16 do Estatuto).[24]

Para José Cláudio Monteiro de Brito Filho, "a liberdade sindical consiste no direito de trabalhadores (em sentido genérico) e empregadores de constituir as organizações sindicais que reputarem convenientes, na forma que desejarem, ditando suas regras de funcionamento e ações que devam ser empreendidas, podendo nelas ingressar ou não, permanecendo enquanto for sua vontade".[25]

Para Wilson de Souza Campos Batalha, a liberdade sindical "pode ser compreendida em dois sentidos: político e individual. O primeiro significando o reconhecimento do caráter privatístico do sindicato, desligado dos aspectos de entidades de direito público de que se revestiam os sindicatos nos regimes totalitários, e o segundo constituindo no direito de qualquer trabalhador ou empresa participar deste ou daquele sindicato, de se filiar, ou não, a qualquer entidade sindical".[26]

Gino Giungni, tratando da liberdade sindical como princípio contido na Constituição da Itália, cujo art. 39 dispõe que a organização sindical é livre, explicita que ela deve ser vista sob dois prismas: como liberdade perante o Estado e do ponto de vista das relações interprivadas.[27]

Nesse contexto, temos que o princípio da liberdade sindical e seu princípio de autonomia estão diretamente ligados à existência do ser coletivo obreiro na criação e no fortalecimento de organizações de trabalhadores; trata-se do surgimento e da afirmação de entidades associativas obreiras.

Podemos concluir que, nas estruturas dessas relações, os sujeitos aparecem como grupos de trabalhadores e empregadores, o que faz com que elas se caracterizem não como individuais, mas grupais. Sua finalidade é a defesa dos interesses dos membros dos grupos e não de cada um dos seus integrantes individualmente considerados.[28]

3.2. Liberdade e autonomia sindical no Brasil

No Brasil, não há plena liberdade de associação, posto que o art. 8º, II, de sua Constituição proíbe a criação de mais de uma organização sindical, de qualquer grau, representativa da categoria profissional ou econômica na mesma base territorial, e

---

(24) GALANTINO, Luisa. *Direito sindicale*. Torino: G. Giappichelli Editore, 1996, p. 2.
(25) BRITO FILHO, José Cláudio Monteiro de. *Direito sindical* – análise do modelo brasileiro de relações coletivas de trabalho à luz do direito comparado e da doutrina da OIT: proposta de inserção da comissão de empresa. São Paulo: LTr, 2000. p. 85.
(26) BATALHA, Wilson de Souza Campos. *Sindicatos, sindicalismo*. São Paulo: LTr, 1992. p. 82.
(27) GIUGNI, Gino. *Direito sindical*. Tradução: Eiko Lúcia Itioka. São Paulo: LTr, 1991. p. 46-47.
(28) HAZAN, Ellen M. Ferraz. *Direito do trabalho, evolução, crise, perspectivas*. São Paulo: LTr, 2004. p. 227.

restringe a criação de organização sindical, cujo âmbito de representação territorial seja menor que um município. Tampouco admite a constituição de associações sindicais que não sejam representativas de uma categoria de trabalhadores (atividade, ramo, profissão ou ofício), vale dizer, não se admitem sindicatos de empresa. A mesma incompatibilidade estende-se ao seu regime infraconstitucional (arts. 511 a 610 da CLT).[29]

O regime sindical adotado no Brasil, conforme já exposto, é o da unicidade sindical, regime este que permite a criação de uma única organização de qualquer grau, representativa da categoria profissional ou econômica na mesma base territorial.

Há um consenso entre os autores de que somente a partir de 1930 é que se pôde falar, propriamente, em movimento sindical no Brasil. Mauricio Godinho Delgado descreve muito bem essa fase. Segundo o autor, "antes de 1930 o princípio padecia em meio às próprias debilidades de todo o Direito do Trabalho, que sequer se estruturava como um ramo jurídico próprio e complexo".[30]

As manifestações dos trabalhadores eram incipientes e esparsas; inexistia qualquer conjunto sistemático de regras, princípios e institutos que assegurassem plena cidadania à atuação coletiva dos trabalhadores no país.

Dominava, na época, a política institucional da República Velha, que, como se sabe, tinha uma concepção liberal individualista, que não encontrava justificativa em favor da regulação normativa do mercado de trabalho, nem espaço político para a absorção institucional dos movimentos sociais produzidos pelos trabalhadores dos incipientes segmentos industriais da época e de certos setores de serviços (ferroviário e portuário, principalmente).[31]

A inegável existência de sindicatos livres, no período, não chegou a formar uma tradição sólida de autonomia, seja pela incipiência do sistema industrial e do mercado de trabalho correspondente, seja pelo fato de que a autonomia se fazia fora do Direito, não se institucionalizando em um modelo jurídico bem definido e estruturado.[32]

Ainda segundo o autor, na década de 1930, vê-se instaurar no Brasil, como se conhece, um sistema justrabalhista de estrutura e dinâmica autoritárias, sob direto e minucioso controle político e administrativo do Estado, nos moldes corporativistas, embebido do modelo fascista, importado da Itália da época. Nesse sistema, falar-se em princípio de autonomia sindical era simplesmente um contra-senso, uma vez que o caráter publicista dos sindicatos os colocava sob a égide do Ministério do Trabalho, com poderes incontestáveis de criação, extinção e intervenção cotidiana na vida de tais entidades.[33]

---

(29) MANSUETI, Hugo Roberto. Tradução: Yone Frediani. In: FREDIANI, Yone; ZAINAGHI, Domingos Sávio (Coords.). *Relações de direito coletivo Brasil-Itália*. Organização Sindical no Mercosul. São Paulo: LTr, 2004. p. 168.
(30) DELGADO, *op. cit.*, p. 1.301-1.302.
(31) *Ibidem*, p. 1.301-1.302.
(32) *Ibidem*, p. 1.301-1.302.
(33) *Ibidem*, p. 1.302.

Desse modo, observa-se que o princípio da autonomia sindical sempre sofreu graves restrições na história jurídica e política brasileira. Mesmo após o fim da ditadura Vargas (1930-1945), o princípio da autonomia sindical não chegou a ser efetivamente incorporado na ordem jurídica brasileira.

Assim, não obstante o princípio formalmente constasse do texto da Constituição subsequente à instauração do sistema trabalhista brasileiro tradicional (Carta de 1946), ele era inteiramente vazio de conteúdo, já que compatibilizado de modo esdrúxulo com as regras do corporativismo autoritário estabelecido.[34]

Com o advento do regime militar, a estrutura corporativista sindical ajustou-se, confortavelmente, às pretensões antidemocráticas do novo regime, preservando-se intocada nas duas Cartas Constitucionais então editadas (1967 e 1969 – EC n. 1).[35]

Somente a partir da Carta Magna de 1988 é que teria sentido sustentar que o princípio autonomista ganhou corpo na ordem jurídica do País. A nova Constituição eliminou o controle político-administrativo do Estado sobre a estrutura dos sindicatos, quer quanto à sua criação, quer quanto à sua gestão, e alargou as prerrogativas de atuação dessas entidades, em questões judiciais e administrativas (art 8º, III), na negociação coletiva (art. 8º, VI, e 7º, XXVI).

O art. 8º da Constituição da República Federativa do Brasil de 1988, no Título II, dos Direitos e Garantias Fundamentais, Capítulo II, dos Direitos Sociais, diz que:

Art. 8º É livre a associação profissional ou sindical, observado o seguinte:

I – a lei não poderá exigir autorização do Estado para a fundação de sindicato, ressalvado o registro no órgão competente, vedadas ao Poder Público a interferência e a intervenção na organização sindical;

V – ninguém será obrigado a filiar-se ou manter-se filiado a sindicato...[36]

No mesmo sentido, a consolidação das Leis do Trabalho – CLT –, no seu art. 513 do Título V, ao dispor sobre a Organização Sindical, afirma que:

Art. 513. São prerrogativas dos sindicatos:

a) representar, perante as autoridades administrativas e judiciárias, os interesses gerais da respectiva categoria ou profissão liberal ou os interesses individuais dos associados relativos à atividade ou profissão exercida;

b) celebrar contratos coletivos de trabalho;

c) colaborar com o Estado, como órgãos técnicos e consultivos, no estudo e solução dos problemas que se relacionam com a respectiva categoria ou profissão liberal;

---

(34) *Ibidem*, p.1.302.
(35) *Ibidem*, p. 1.302-1.303.
(36) Constituição da República Federativa do Brasil de 1988 (art. 8º, I, V).

d) impor contribuições a todos aqueles que participam das categorias econômicas ou profissionais ou das profissões liberais representadas.[37]

Apesar da evolução no que se refere ao capítulo dos Direitos e Garantias Fundamentais, a Constituição Federal de 1988 "manteve os traços do sistema corporativista do país, a exemplo da *unicidade sindical* (art. 8º, II), com o sistema de financiamento compulsório e genérico de toda estrutura, inclusive sua cúpula (art. 8º, IV), com o poder normativo dos tribunais trabalhistas".[38]

Desse modo, o processo de democratização do sistema sindical brasileiro passa pela alteração desses velhos traços da matriz corporativista oriunda das décadas de 1930 e 1940, ora preservados no texto constitucional de 1988.

Note-se que tais garantias estão expressamente consignadas em textos normativos, construídos ao longo de várias décadas do século XX, pela Organização Internacional do Trabalho (Convenções ns. 11, 87, 98, 135, 141 e 151, por exemplo). Além disso, inserem-se tais garantias, classicamente, em experiências democráticas, consolidadas no mundo ocidental (ilustrativamente, Estatuto dos Trabalhadores da Itália – Lei n. 300, de 1970).[39]

A Convenção n. 98, da Organização Internacional do Trabalho, por exemplo (que trata do direito de sindicalização e de negociação coletiva), ratificada pelo Brasil, está vigente desde 1953.

Convenção 98:

Art. 2. 1. As organizações de trabalhadores e de empregadores gozarão de adequada proteção contra atos de ingerência de umas nas outras, ou por agentes ou membros de umas nas outras, na sua constituição, funcionamento e administração.

2. Serão principalmente considerados atos de ingerência, nos termos deste Artigo, promover a constituição de organizações de trabalhadores dominadas por organizações de empregadores ou manter organizações de trabalhadores com recursos financeiros ou de outra espécie, com o objetivo de sujeitar essas organizações ao controle de empregadores ou de organizações de empregadores.[40]

A Convenção n. 135, por sua vez (vigente no País desde 18.3.1991), que trata da "proteção de representantes de trabalhadores", traz a seguinte determinação de garantia:

Art. 1º Os representantes dos trabalhadores na empresa devem ser beneficiados com uma proteção eficiente contra quaisquer medidas que poderiam vir a prejudicá-los, inclusive o licenciamento [na verdade, despedida, isto é, *licenciement*], e que seriam motivadas por sua qualidade ou suas atividades como representantes dos trabalhadores, sua filiação sindical,

---

(37) BRASIL. Consolidação das Leis do Trabalho – CLT (art. 513, a, e).
(38) DELGADO, *op. cit.*, p. 1.303.
(39) *Ibidem*, p. 1.324.
(40) OIT: Convenção 98, vigente no Brasil desde 1.953, após ser aprovada pelo Decreto Legislativo n. 49/1952 e promulgada pelo Decreto n. 33.186/1953. p. 204.

ou participação em atividades sindicais, conquanto ajam de acordo com as leis, convenções coletivas ou outros arranjos convencionais vigorando.[41]

Conforme mostram os estudos realizados, em termos de garantia à atuação sindical, faz-se necessário haver uma reforma do sistema sindical brasileiro, que deve passar não somente pela reestruturação acima debatida, mas também pela implementação de garantias democráticas, que visem à atuação sindical, no que diz respeito à autonomia e à liberdade associativas.

3.3. Liberdade sindical no Mercosul e na União Europeia

A legislação internacional, como verificamos na evolução histórica do sindicalismo no mundo, possui textos de grandes expressões e importância, que consagram a liberdade sindical, a exemplo da Declaração Universal dos Direitos do Homem e o Pacto Internacional dos Direitos Econômicos, Sociais e Culturais.[42]

Na Argentina, preleciona Hugo Roberto Mansueti que: "Em matéria de liberdade sindical, o art. 14 *bis* da Constituição reconhece aos trabalhadores o direito à 'organização sindical livre e democrática, reconhecida pela simples inscrição em registro especial'. De acordo com o mesmo artigo, "os representantes sindicais gozarão das garantias necessárias para o cumprimento de sua gestão sindical e as relacionadas com a estabilidade no emprego".[43]

A Argentina ratificou as Convenções de n. 87, sobre a liberdade sindical, de n. 98, sobre o direito à sindicalização e à negociação coletiva, de n. 144, sobre consultas tripartites, para promover a aplicação das normas internacionais de trabalho, e a de n. 151, sobre a proteção do direito à sindicalização e procedimentos para determinar as condições de emprego na administração pública.[44]

O regime da pluralidade sindical na Argentina encontra-se atualmente regulamentado pela Lei n. 23.551, que admite a livre constituição de associações sindicais, porém monopoliza, na associação mais representativa por setor, direitos significativos, como o de negociar coletivamente (estabelecer convenções coletivas de trabalho), e o da preferência do direito de exercer medidas legítimas de ação sindical, arrecadação de contribuições sindicais, por meio de deduções obrigatórias dos trabalhadores filiados e o de administrar a obra social sindical.

Os conteúdos da liberdade sindical, na Argentina, encontram-se previstos no art. 4º, da Lei n. 23.551.

---

(41) OIT: Convenção n. 135, vigente no Brasil desde 18 de março de 1991.
(42) BRITO FILHO, *op. cit.*, p. 90.
(43) MANSUETI, *op. cit.*, p. 162.
(44) *Ibidem*, p. 163.

Em matéria de autonomia sindical, a lei reconhece, em seu art. 5º, o direito de as associações sindicais: a) determinarem seu nome, não podendo utilizar os já adotados nem aqueles que possam induzir em erro ou confusão; b) determinarem seu objeto, âmbito de representação pessoal e de atuação territorial; c) adotarem o tipo de organização que entendam apropriada; d) aprovarem seus estatutos e constituírem associações de grau superior; e) filiarem-se às já constituídas ou delas se retirar; f) formularem seu programa de ação e realizar todas as atividades lícitas em defesa do interesse dos trabalhadores; g) e em especial, exercerem o direito de negociar coletivamente e em particular de greve e; h) adotarem demais medidas legítimas de ação sindical.[45]

No Paraguai, segundo Hugo Roberto Mansueti, "... o art. 96 da Constituição de 1992, sob o título da Liberdade Sindical, reconhece que 'Todos os trabalhadores públicos e privados têm direito a organizar-se em sindicatos sem necessidade de autorização prévia. Ficam excetuados desse direito os membros das Forças Armadas e os policiais. Os empregadores gozam de igual liberdade de organização. Ninguém pode ser obrigado a pertencer a um sindicato. Para o reconhecimento de um sindicato bastará a sua inscrição no órgão administrativo correspondente'".[46]

O Paraguai ratificou as Convenções n. 87, sobre a liberdade sindical, e a de n. 98, sobre direito à sindicalização e à negociação coletiva. Esse país possui um Código Laboral, Lei n. 213, de 30.10.93.

Ele adota o regime de diversidade ou de pluralidade sindical. A liberdade sindical é reconhecida de forma plena, tanto pela ratificação à Convenção n. 87, da OIT, como pela regulamentação expressa dos arts. 284 e 285, de seu CL. Todavia, o art. 293, do CL, permite a filiação do trabalhador a um só sindicato.[47]

No que tange à autonomia sindical, há uma previsão expressa de que as autoridades públicas se abstenham de toda intervenção que tenha por fim limitar esse direito ou restringir seu exercício.

No Uruguai, a Constituição de 1966 apenas prevê que a lei reconhece o direito de organizar sindicatos gremiais (art. 57), tendo ratificado as Convenções de ns. 87 e 98. Esse país, até hoje, não elaborou a legislação, permitindo a plena autonomia do sistema. É indispensável, entretanto, destacar que nele há a prevalência do que Ermida Uriarte, citação de Georgeonor de Souza Franco Filho, chama de "política não regulamentarista em matéria de Direito Coletivo". Destaque-se, ademais, que o Decreto n. 93, de 3.2.1968, repete, quase integralmente, os dois primeiros dispositivos da Convenção n. 98/OIT.[48]

Para Hugo Roberto Mansueti, a Constituição do Uruguai, em geral, prega a liberdade de associação pelo art. 39: "Todas as pessoas têm direito de associar-se qualquer que seja o objeto que persigam, sempre que não constituam uma associação ilícita declarada

---
(45) *Ibidem*, p. 164.
(46) *Ibidem*, p. 165.
(47) *Ibidem*, p. 166.
(48) FRANCO, *op. cit.*, p. 51.

por lei. Em matéria de associações gremiais, o art. 57 da mesma Constituição estabelece que a lei promoverá a organização de sindicatos gremiais, concedendo franquias e ditando normas para reconhecer-lhes personalidade jurídica."[49]

O Uruguai ratificou as Convenções de n. 87, sobre a liberdade sindical, n. 98, sobre o direito de sindicalização e de negociação coletiva, e ns. 144 e 151, adotando o regime de pluralidade sindical, regulado pelo Decreto n. 93, de 3.2.68.

A liberdade sindical encontra-se prevista no art. 2º, do Decreto n. 93/68, que preceitua que os trabalhadores e empregadores, sem qualquer distinção e sem autorização prévia, têm direito a constituir as organizações que entendam convenientes, assim como filiar-se a elas, com a única condição de observar os seus estatutos.[50]

Quanto à autonomia sindical, não existem restrições, ela segue as normas previstas nas Convenções ns. 87 e 98, da OIT.

As organizações obreiras nascem espontaneamente, sem a prévia autorização estatal para seu funcionamento, e atuam livremente como associações de fato.[51]

Na Itália, Giancarlo Perone, em comentário sobre a liberdade sindical, ante o modelo italiano, ensina que:

A liberdade sindical implica, além da autonomia, também autotutela sindical. A expressão deseja exprimir, no sentido específico, a capacidade – alcançada pelo sindicato, seguida de um reconhecimento estatal, mas, também, prescindindo deste, sobre o terreno da efetividade – de prover dos cuidados próprios interesses de modo que constituam exceção aos princípios do ordenamento do Estado.[52]

Nas lições de Georgenor de Souza Franco Filho, sobre a evolução italiana, no âmbito sindical, depreende-se que "é assinalável a evolução sindical italiana, pois existem hoje três grandes centrais sindicais: A *Confederazione Italiana Generale del Lavoro* (CGIL), de 1944, a '*Confederazione Italiana Sindacati Liberi*' (CISL), nome adotado, em 1950, pela *Confederazione Italiana Generale del Lavoro Livre* (CGIL), surgida em 1948, e a *Federazione Italiana del Lavoro*, de 1949, que adota a sigla UIL".[53]

Na França, segundo Georgenor de Sousa Franco Filho, o art. 34 da Carta francesa apenas refere que:

A lei prescreve os princípios fundamentais sobre: (...) o direito do trabalho, o direito sindical e a segurança social, o que, na observação de *Lyon Caen & Pélissier*, importa em que tanto as normas internacionais como as internas

---
(49) MANSUETI, *op. cit.*, p. 167.
(50) *Idem*.
(51) MISAILIDIS, Mirta Lerena de. *Os desafios do sindicalismo brasileiro diante das atuais tendências*. São Paulo: LTr, 2001. p. 42-50.
(52) PERONE, Giancarlo. Tradução: Yone Frediani. In: FREDIANI, Yone; ZAINAGHI, Domingos Sávio (Coords.). *Relações de direito coletivo Brasil-Itália. A Liberdade Sindical na Itália*. São Paulo: LTr, 2004. p. 44.
(53) FRANCO, *op. cit.*, p. 55.

reconhecem a liberdade sindical. Na França, onde a liberdade de associação também foi prevista pelo Código de Napoleão de 1810, os sindicatos obtiveram reconhecimento somente com a Lei de 21 de fevereiro de 1884, *qui demeure aujourd'hui encore la grande charte du syndicalisme français*, com o *Code du Travail*, confirmando essa liberdade (art. L411-2).[54]

Em Portugal, a atual Constituição, afastando-se do corporativismo, reconheceu as comissões de trabalhadores na empresa (art. 54,1). O art. 56 dispõe sobre a liberdade sindical (n. 1), estatuindo, de modo exemplificativo, as atividades sindicais (n. 2), regulando as eleições (n. 3), permitindo, na linha abraçada pela Convenção n. 87, da OIT, a filiação em organizações sindicais internacionais (n. 5) e, adiante, são estipulados os direitos dos sindicatos (art. 57).[55]

Portugal ainda não adotou qualquer critério para a escolha de um sindicato mais representativo.

Na Espanha, outrora também corporativista, a Carta vigente prevê que a criação de sindicatos de trabalhadores e associações de empresários é livre (art. 7º), havendo a consagração do direito individual positivo e negativo de sindicalizar-se (art. 26,1,1ª parte e final), podendo a lei limitá-lo aos militares, sendo permitida a formação de confederações, e, no traçado da Convenção n. 87/OIT, o ingresso em organizações sindicais internacionais (art. 7, 1).[56]

A Espanha adotou o sistema de pluralidade no conceito de sindicato mais representativo.

Segundo José Eymard Loguercio, Portugal e Espanha são países inseridos no contexto de países de capitalismo semiperiférico e de transição negociada, com impactos na legislação trabalhista semelhantes aos vividos no Brasil.[57]

Na Alemanha, a Constituição da República Federal limita-se apenas a prever, de forma muito sintética, que são nulos os ajustes e ilegais as medidas, visando a restringir ou impedir o direito de associação para defesa e melhoria de condições econômicas e de trabalho (art. 9, 3) e não faz menção de forma clara sobre a liberdade sindical.[58]

De modo geral, a liberdade sindical vem se fortalecendo na maioria dos países, restando, para aqueles que ainda não a adotaram, uma urgente reflexão em busca das mudanças e ajustes para a nova realidade que se apresenta, devido às exigências impostas pelo novo mundo do trabalho frente à globalização.

---

(54) *Ibidem*, p. 50-51.
(55) *Ibidem*, p. 56.
(56) *Idem*.
(57) LOGUERCIO, José Eymard. *Pluralidade sindical*: da legalidade à legitimidade no sistema sindical brasileiro. São Paulo: LTr, 2000. p. 145.
(58) FRANCO, *op. cit.*, p. 50.

CAPÍTULO IV

REPRESENTATIVIDADE E REPRESENTAÇÃO SINDICAL

O sindicato desempenha um legítimo e importante papel no mundo do trabalho, já que tem, como principal função e prerrogativa, a representação, no sentido amplo, de suas respectivas categorias. Ele se organiza para falar e agir em nome de sua categoria, com a finalidade de defender interesses no plano da relação do trabalho e, até mesmo, no plano social mais amplo.

Segundo Héctor Babace, a representação sindical explica-se como a exteriorização da autonomia coletiva de que estão investidos os grupos sociais em geral.

> As organizações sindicais se apresentam como sujeitos de um poder autônomo, genuíno, ainda que limitado pelo poder estatal, que implica a possibilidade de criação de normas jurídicas próprias, não identificadas com a de ordem estatal. Entretanto não se pode dizer que o sindicato represente a categoria profissional porque essa é uma entidade fictícia incapaz de emitir um ato de vontade impossível na ideia de representação.[1]

O sindicato é a associação que tem por finalidade coordenar e defender os interesses profissionais e econômicos de trabalhadores, em sentido amplo, e também de empregadores.[2]

Nesse sentido, sua razão de ser está intimamente ligada às funções que desempenha, sendo estas desenvolvidas em nome da finalidade de sua existência.[3]

Como decorrência da finalidade do sindicato de defender os interesses do grupo que representa, emergem as funções de representação e de representatividade.

Desse modo, para uma melhor compreensão, faz-se necessário conceituar os dois fenômenos, representação e representatividade, demonstrando, assim, de forma clara, a diferença entre um e outro.

Para Giannini, a representatividade repousa sobre um direito; supõe-se que o trabalhador comum, potencial sindicalista, conhece os problemas de seu setor mais do que aquele que desempenha uma atividade diversa e, portanto, está em melhores condições de expor os interesses do setor.[4]

---

(1) BABACE, Héctor. *A representatividade sindical*. Montevidéu: Fundação de Cultura Universitária, 1993. p. 19.
(2) BRITO FILHO, José Cláudio Monteiro de. *Direito sindical* – análise do modelo brasileiro de relações coletivas de trabalho à luz do direito comparado e da doutrina da OIT – proposta de inserção da comissão de empresa. São Paulo: LTr, 2000. p. 162.
(3) *Idem*.
(4) GIANNINI, Massimo. *Direito administrativo*. Milão: Giuffré, 1970. vol. I, p. 281, *apud*: BABACE, Héctor. *A representatividade sindical*. Montevidéu: Fundação de Cultura Universitária, 1993. p. 34.

Essa opinião vincula a representatividade com o reconhecimento do caráter representativo da organização sindical.⁽⁵⁾

Para Grandi:

> (...) a noção de representatividade se diferencia da de representação, na medida em que assume, em alguns ordenamentos jurídicos internos, conotações teóricas e funcionais distintas. A noção de representatividade e, portanto, de sindicato representativo ou mais representativo, encontramos com maior frequência nos sistemas de pluralismo sindical. Refere-se a uma regra seletiva capaz de identificar, entre muitos sindicatos, aquele ou aqueles, ao qual ou aos quais se reconhecem determinadas prerrogativas no exercício da representação.⁽⁶⁾

Para Branca, qualquer sindicato exerce a representação nas funções que lhe são próprias, especialmente no exercício da autonomia coletiva. Entretanto, a representatividade não consiste em lhe atribuir uma ou mais associações sindicais a representar os interesses, não somente de seus membros, senão de todo um setor profissional. Não obstante se tratar de instituições diferentes, há entre elas um estreito vínculo, já que, no campo da contratação coletiva, a representatividade constitui o antecedente necessário que a organização profissional deve possuir para poder exercer a representação.⁽⁷⁾

Segundo Babace, a representatividade é uma espécie da representação, porque é a representação em si mesma. Poder-se-á falar de maior ou menor representatividade, comparando uma organização com outra ou consigo mesma, em distintos momentos; porém, sempre que houver representatividade, haverá representação e, para que haja representação, é imprescindível a representatividade.⁽⁸⁾

Veneziani afirma que:

> (...) resta evidente que a representatividade, diferentemente da representação, exprime uma relação que não se dá apenas entre grupo e indivíduo, mas, preponderantemente, entre estrutura organizativa e grupo profissional amplo, ao qual por inteiro – com inscritos e não inscritos – esta se empenha, para emprestar a efetividade da autotutela. Assim sendo, de fato, na expressão "representatividade" está incluída estruturalmente a idoneidade do fenômeno organizativo sindical para ser o porta-voz dos interesses unitários do grupo, sem relevância sobre os modos de composição deste (o qual integra trabalhadores sindicalizados e não sindicalizados). O que importa aqui, então, é a capacidade da organização para interpretar a vontade, mais que representá-la pelo explícito recebimento de um mandato.⁽⁹⁾

---

(5) BABACE, op. cit., p. 34.
(6) GRANDI, Mário. Los atores de la contratación colectiva. In: CONGRESO MUNDIAL DE DERECHO DEL TRABAJO Y DE LA SEGURIDAD SOCIAL, 17., 2003, Montevideo. p. 9.
(7) BRANCA, Giorgio. L'associazione sindacale. Milano: Giuffré, 1960. p. 124, apud: BABACE, Héctor. A representatividade sindical. Montevidéu: Fundação de Cultura Universitária, 1993. p. 34.
(8) BABACE, op. cit., p. 35.
(9) VENEZIANI, Bruno. Stato e autonomia colletiva. Diritto sindacale italiano e comparato. Bari: Cacucci Editore, 1992, apud: SIQUEIRA NETO. José Francisco. Liberdade sindical e representação dos trabalhadores nos locais de trabalho. São Paulo: LTr, 2000. p. 106.

Desse modo, tem-se que a representação sindical se refere ao funcionamento do sindicato, no âmbito civil, e que ela tem relação com os aspectos formais da representação e que qualquer sindicato a exerce, nas funções que lhe são próprias, especialmente no exercício da autonomia coletiva.

Já a representatividade sindical é um critério de valoração da capacidade de uma organização sindical para representar os interesses profissionais. Ela exprime uma relação que não se dá apenas entre grupo e indivíduo, mas, preponderantemente, entre estrutura organizativa e grupo profissional amplo, no todo, para filiados e não filiados, e destina-se à efetividade da autotutela. Refere-se à representação de interesses, não se tratando de representação em sentido estrito, pois não dá origem a atos de eficácia jurídica relativos aos interesses das categorias.

A expressão "representatividade" está ligada estruturalmente à idoneidade do fenômeno organizativo sindical para que este seja o porta-voz dos interesses unitários do grupo, não importando seus modos de composição, já que integra trabalhadores sindicalizados e não sindicalizados. Sob o ponto de vista sociológico, a representatividade é um conceito pré-jurídico, cuja legitimidade surge das regras da experiência e de situações históricas de direito.

Trata-se da qualidade da representação sindical, intrínseca e essencial, que pode se distinguir no plano teórico conceitual, porém não se pode separá-la da realidade.

Por isso, é possível dizer que um sindicato é representativo se ele for reconhecido como representante autêntico dos interesses da unidade de negociação representada.

Assim, a representatividade, conforme tão bem explica Siqueira Neto, diferentemente da representação, exprime uma relação que não se dá apenas entre grupo e indivíduo, mas, preponderantemente, entre estrutura organizativa e grupo profissional amplo, por inteiro, com inscritos e não inscritos.[10]

4.1. Modelos de representatividade sindical

Após a definição de representatividade e de representação, faz-se importante analisar os dois fenômenos nos seus diferentes aspectos.

Quanto à representatividade, tem-se que os modelos refletem claramente a dialética entre o Poder Público e a autonomia coletiva, que ela conquista pela organização sindical, sem que o legislador indique as condições ou os critérios pelos quais é adquirida, sendo suficiente que o regime jurídico existente se funde no princípio geral do reconhecimento da liberdade sindical.

José Francisco Siqueira Neto, escrevendo sobre os modelos de representatividade sindical, observa que "em algumas realidades, o movimento sindical consegue um tal nível de unidade interna e de sindicalização que lhe confere um grau de confiabilidade social capaz de dispensar uma regulamentação do assunto por intermédio do legislador".[11]

---

(10) SIQUEIRA NETO, José Francisco. Liberdade sindical e representação dos trabalhadores nos locais de trabalho. São Paulo: LTr, 2000. p. 106.
(11) *Idem.*

Ainda segundo o mesmo autor, nem todas as situações podem desprezar a legislação para ordenar o pluralismo sindical, uma vez que alguns modelos de representação refletem o perfil de relações de trabalho pretendido pelo país respectivo,

> (...) demonstrando assim a importância da participação das organizações sindicais nesse processo, não somente para satisfazer as regras básicas da democracia, como também para auxiliar na consagração de princípios legítimos, plenamente aptos a possibilitar o aparecimento de sistemas de representatividade realistas. Essa correspondência com o mundo real é vital para o sistema como um todo.[12]

Desse modo, no que se refere aos modelos de representatividade sindical, existem alguns deles, destacando, como objeto de estudo, a representatividade derivada e a representatividade comprovada.

4.1.1. Representatividade sindical derivada

A representatividade derivada ou "irradiada" é um de seus modelos vigentes em alguns países e consiste em um mecanismo de transferência automática de representatividade, instituído por lei, em favor de toda organização que se filiar a uma organização Confederativa ou Central Sindical, já declarada representativa.[13]

A representatividade sindical é uma conquista que não depende de critérios ou de condições estabelecidas pela legislação, mas apenas do regime jurídico existente, que se funde no princípio do reconhecimento da liberdade sindical.

Com isso, o fenômeno da representatividade sindical derivada encontra-se apenas nos países que adotam o pluralismo sindical.

4.1.2. Representatividade sindical comprovada

Entende-se por representatividade sindical comprovada aquela que necessita de apreciação específica na data do exercício das suas prerrogativas. Esse tipo de representatividade resulta do entendimento segundo o qual, em determinadas circunstâncias, a representatividade das organizações que pretendem tutelar o interesse coletivo deve ser medida no contexto específico e não reportada por índices presumidos ou pelo empréstimo de representatividade.[14]

Os modelos de representatividade derivada e comprovada não existem no sistema brasileiro, porque, no Brasil, vigora a unicidade sindical e não a pluralidade sindical.

Porém, os referidos modelos de representatividade, derivada e comprovada, encontram-se previstos no Projeto de Reforma Sindical, apresentado pelo governo, no que se refere às alterações da Estrutura e Âmbito de Representação, tanto para as entidades sindicais de trabalhadores como para aquelas de empregadores.

---

(12) *Idem.*
(13) *Idem.*
(14) *Idem.*

A Proposta do Governo, junto ao Fórum Nacional do Trabalho (2004), sobre representatividade sindical derivada traz inovações tanto para a classe trabalhadora como para os empregadores. As alterações citadas encontram-se inseridas no Projeto de Reforma Sindical nos itens 4.6 e 5.6, com a seguinte redação:

4. 6 – Critérios de representatividade para o reconhecimento das entidades sindicais de trabalhadores.

4.6.1 – Representatividade:

a) compreende-se por representação comprovada aquela que se baseia diretamente na livre associação dos trabalhadores nos sindicatos de base e no cumprimento dos critérios estabelecidos em lei para cada nível de representação;

b) compreende-se por representação derivada aquela que advém das entidades sindicais, que já obtiveram a comprovação de sua representatividade, preservados os critérios mínimos exigidos para o seu reconhecimento.[15]

[...]

5.6 – Critérios de representatividade para o reconhecimento das entidades sindicais de empregadores.

5.6.1. – Representatividade:

a) compreende-se por representação comprovada aquela que se baseia diretamente na livre associação ou das empresas ou unidades produtivas nos sindicatos de base e no cumprimento dos critérios estabelecidos em lei para cada nível de representação;

b) compreende-se por representação derivada aquela que advém das entidades sindicais, que já obtiveram a comprovação de sua representatividade, preservados os critérios mínimos exigidos para o seu reconhecimento.[16]

Desse modo, embora, ainda apenas no papel, o que se visa com as alterações propostas é um novo modelo de representatividade sindical, adequado ao novo mundo do trabalho, promovendo, assim, o fortalecimento do sindicato, no seu campo de atuação, junto a seus representados.

4.2. Representação sindical

Como decorrência da finalidade do sindicato de defender os interesses do grupo que representa emerge a função de representação.[17]

---

(15) FÓRUM NACIONAL DO TRABALHO. Reforma Sindical – Relatório Final. Ministério do Trabalho e Emprego, Secretaria de Relações do Trabalho, Brasília, 2004. p. 29.
(16) *Ibidem*, p. 30.
(17) BRITO FILHO, *Op. cit.*, p. 172.

A função de representação fica mais clara nos regimes de unicidade sindical, porque, como sindicato único, corresponde à unidade de ideias dos interesses da categoria, representados com exclusividade.

Porém, uma das críticas sobre o regime unitarista, conforme tão bem observa Mozart Victor Russomano, "consiste em saber, contudo, se é conveniente – adotando-se o sistema unitarista – fazer-se a prévia designação de quem representará o interesse geral, atuando em defesa de todos e em caráter efetivo e permanente".[18]

Já nos regimes pluralistas, a representação obedece a critérios para ser exercida, tendo que eleger um sindicato representativo, no qual a primeira questão a ser resolvida consiste em saber: Que sindicato vai representar? Que critério será utilizado para determinar o sindicato mais representativo?

A finalidade de classificar e estudar a representação sindical consiste em ressaltar, com nitidez, alguns de seus aspectos segundo alguns importantes critérios.

O primeiro critério consiste em distinguir as manifestações do fenômeno dentro da organização obreira e de suas projeções fora da organização, o que foi denominado de representação interna e externa.

O segundo critério diz respeito ao exercício da representação conforme diferentes interesses. O sindicato, além de seus interesses próprios, como pessoa moral, atua em defesa dos interesses dos trabalhadores em três esferas: como indivíduos; como integrantes da categoria profissional (grupos profissionais); e como membros da comunidade.

Nesse contexto, tem-se que essa função representativa, *lato sensu,* abrange inúmeras dimensões. A privada, em que o sindicato se coloca em diálogo ou confronto com os empregadores, em vista dos interesses coletivos da categoria. A administrativa, em que o sindicato busca relacionar-se com o Estado, visando à solução de problemas trabalhistas em sua área de atuação. A pública, em que ele tenta dialogar com a sociedade civil, na procura de suporte para suas ações laborativas. A judicial, em que atua o sindicato também na defesa dos interesses da categoria ou de seus filiados.[19]

Segundo Russomano, os conflitos de trabalho dividem-se em conflitos individuais e conflitos coletivos. "Os conflitos individuais envolvem interesses particulares" entre duas partes identificáveis, entre trabalhadores e empresários; já "os conflitos coletivos, ao contrário, envolvem os interesses de determinados grupos, considerando cada um desses grupos como unidade, quer sejam elas categorias inteiras ou, apenas, parte de certa categoria econômica ou profissional".[20]

No que tange à área de atuação, a representação pode ser dividida em judicial e extrajudicial. Quanto aos interesses: individuais, coletivos e sociais. Quanto aos limites subjetivos dessa representação: *erga omnes* e dos associados.

---

(18) RUSSOMANO, Mozart Victor. *Princípios gerais de direito sindical.* 2. ed. Rio de Janeiro: Forense, 2002. p. 85.
(19) DELGADO, Mauricio Godinho. *Curso de direito do trabalho.* 2. ed. São Paulo: LTr, 2003. p. 1.331.
(20) RUSSOMANO, Mozart Victor. *Princípios gerais de direito sindical.* Rio de Janeiro: Forense, 1998. p. 227.

O fenômeno da representação sindical ocorre tanto no âmbito interno como no externo da organização sindical.

4.2.1. Representação sindical interna e externa

O fenômeno da representação sindical ocorre tanto no âmbito interno como no externo da organização sindical.

Conforme tão bem explica Héctor Babace, ao escrever sobre a representação sindical: "o fenômeno da representação sindical tem dois âmbitos de expressão segundo se considere a mesma nas suas manifestações dentro do próprio sindicato ou a sua projeção externa".[21]

No que se refere ao aspecto interno do fenômeno, segundo o autor, este "se relaciona com a determinação ou o reconhecimento por parte dos membros do sindicato, daqueles trabalhadores, enquanto pessoas individuais, tenham que investir em sua representação".[22]

No que diz respeito à representação interna, trata-se de um pressuposto do exercício das pessoas investidas de poderes para representar o grupo, falar em nome do grupo.

Já o aspecto externo é que constitui a representação sindical, propriamente dita, e se refere ao exercício dela e ao reconhecimento de seus efeitos.

Embora existam várias teses sobre a classificação da representação sindical, que defendem interesses individuais, profissionais e sociais, é consenso entre os estudiosos que, no sentido estrito, só constitui representação sindical aquela na qual está em jogo o interesse profissional.

Pode-se dizer, com isso, que a defesa e a promoção desse interesse constituem a origem de toda organização de trabalhadores e o fundamento de sua ação sindical, entendida como a manifestação espontânea de um direito socioeconômico universal – a associação, a defesa e o melhoramento da classe trabalhadora –, e o resultado livre e independente da programação sindical.[23]

4.2.2. Representação de interesses individuais

Quanto à representação dos interesses individuais no plano judicial, ela existe, só que de forma mais tênue, a não ser que se considere a defesa de interesses homogêneos, que, como classificamos de coletivos, pelo menos na defesa, não entram nessa hipótese.

Para Héctor Babace:

> (...) os sindicatos podem assumir a representação dos interesses individuais de seus afiliados vinculados à profissão que exercem e em particular, os derivados de seu contrato individual de trabalho. Só excluem dessa representação

---
(21) BABACE, Héctor. *A representatividade sindical*. Montevidéu: Fundação de Cultura Universitária, 1993. p. 28.
(22) *Ibidem*, p. 28.
(23) *Ibidem*, p. 29.

os direitos que se fazem valer em jurisdições distintas da laboral (penal, aduaneiro, civil).[24]

A título de exemplo, para melhor explicar, pode-se dizer tratar-se de interesses individuais quando o sindicato defende um trabalhador diante da violação de seu contrato de trabalho individual por descumprimento da convenção coletiva, ou postula sua reintegração diante de uma dispensa imotivada, discriminatória.

Pode-se também exemplificar a representação individual, independentemente da condição de associado do trabalhador, por meio da hipótese de que o empregado, por motivo de doença ou outro, não pode comparecer à audiência, sendo representado por seu sindicato de classe.

Porém, para exercer essa representação, o sindicato deve contar com o consentimento expresso do interessado.

4.2.3. Representação de interesses coletivos

Os interesses coletivos comumente são vistos como interesses *metaindividuais*, que vão além do indivíduo. Isso, todavia, deve ser entendido em termos, pois, como teremos oportunidade de ver, uma de suas espécies excede o interesse individual em uma das formas de sua defesa, mas não em relação ao seu exercício ou ao interesse em si.[25]

Para Babace, o interesse profissional ou coletivo de uma profissão é uma noção muito rica e carregada de substância social para fornecer um conceito jurídico simples e facilmente utilizado.[26]

A representação dos interesses coletivos dos trabalhadores é extremamente positiva, pois permite que eles se organizem e aumentem seu poder de barganha perante as empresas, pressionando-as a contemplar seus interesses.

Uma vez reconhecida e incentivada a representação coletiva dos trabalhadores, fica implicitamente reconhecido o caminho da negociação coletiva como mecanismo para regulamentar o mercado de trabalho, conforme veremos nos capítulos seguintes.

4.3. Representatividade sindical no modelo brasileiro: crise e efetividade

No Brasil vigora, desde a década de 1930, inclusive após a Constituição de 1988, o sistema de unicidade sindical, ou seja, sindicato único, organizado por categoria profissional ou categoria diferenciada, em se tratando de trabalhadores, ou por categoria econômica, em se tratando de empregadores.

Unicidade sindical, conforme estudado, não significa a simples existência, de fato, de apenas um sindicato funcionando como representante de um determinado segmento de trabalhadores. A unicidade sindical é o sindicato único estabelecido em lei.

---
(24) *Ibidem*, p. 30.
(25) BRITO FILHO, *Op. cit.*, p. 250.
(26) BABACE, *Op. cit.*, p. 32.

Para José Cláudio Monteiro de Brito Filho, "unicidade sindical é a possibilidade de existência de uma única entidade sindical representativa do mesmo grupo, em determinada base física, por imposição estatal".[27]

A unicidade sindical tem como características principais: 1) a representação de um grupo por uma única entidade sindical. Na unicidade, qualquer integrante do grupo, qualquer que ele seja, só pode ser representado pela mesma organização sindical; 2) que isso ocorra dentro de determinada base, região geográfica – que pode ser de qualquer tamanho; e 3) que isso ocorra por imposição do Estado, quer por um ato discricionário, quer por previsão do ordenamento jurídico.[28]

O modelo sindical brasileiro, emanado do sistema corporativista existente no fim dos anos 1930 na Itália, Portugal e Espanha, ora implantado por Vargas, no Estado Novo, praticamente em simultaneidade com a Consolidação das Leis do Trabalho (Decreto-Lei n. 5.452, de 1º de maio de 1943), acomodou-se, ao longo dos anos, até a presente data.

Com muita propriedade, Mauricio Godinho Delgado afirma que a estrutura externa do sistema sindical do País se manteve, regra-geral, dentro dos velhos moldes corporativistas, que não foram inteiramente revogados pela Constituição de 1988.[29]

Desse modo, o modelo sindical brasileiro é verticalizado, havendo no sistema uma pirâmide, que se compõe do sindicato, em seu piso, da federação, em seu meio, e da confederação, em sua cúpula, sendo as duas últimas consideradas como associações de grau superior, conforme teor do art. 533 da Consolidação das Leis do Trabalho.

A Constituição da República Federativa do Brasil de 1988 iniciou, sem dúvida, a transição para a democratização do sistema sindical brasileiro, porém não concluiu o processo, apenas afastou a possibilidade jurídica de intervenção e interferências político--administrativas do Estado, via Ministério Público do Trabalho e Emprego (art. 8º, I, CF/88), e reforçou o papel dos sindicatos na defesa dos direitos e interesses coletivos ou individuais da categoria, inclusive em questões judiciais e administrativas (art. 8º, III, CF/88), bem como ampliou os poderes para negociação coletiva trabalhista, elegendo sempre a participação sindical de trabalhadores (art. 8º, VI; art. 7º, VI, XIII, XIV e XXVI, CF/88).

Porém, apesar do grande avanço, o sistema de unicidade sindical foi mantido (art. 8º, II, CF/88), o que também ocorreu com a contribuição sindical compulsória (art. 8º, IV, CF/88), com o poder normativo concorrente da Justiça do Trabalho (art. 114, §2º, CF/88), permanecendo, ainda, por dez anos, no ramo do judiciário, a representação classista, extinta em dezembro de 1999, pela Emenda Constitucional n. 24.

A discussão a respeito da matéria remete a conclusões e questionamentos sobre o tema.

---
(27) BRITO FILHO, *Op. cit.*, p. 99.
(28) *Idem.*
(29) DELGADO, Mauricio Godinho. *Curso de direito do trabalho.* 2. ed. São Paulo: LTr, 2003. p. 1.327.

Armando Boito Jr., em uma análise crítica da estrutura sindical brasileira, preleciona que:

> O aparelho do sindicato oficial é um ramo, e um ramo subalterno do aparelho burocrático do Estado. Não é correto afirmar que o sindicato, no Brasil, é subordinado ao Estado, já que o aparelho sindical é parte do Estado. O que se deve dizer é que, enquanto ramo subalterno do aparelho de Estado, o sindicato oficial está subordinado à cúpula da burocracia estatal.[30]

A atividade elementar de qualquer sindicato é a sua ação reivindicativa, concernente às condições de trabalho, que exigem dois requisitos interligados – um mínimo de representatividade, por parte dos trabalhadores, e o poder de negociar com os empregadores ou com os seus representantes.

No caso dos sindicatos brasileiros, a representatividade e o poder de negociação foram outorgados pelo Estado; trata-se da chamada investidura sindical, que se consuma na concessão da carta de reconhecimento do sindicato.

Essa investidura sindical, a unicidade sindical e as contribuições sindicais obrigatórias, por força de lei, geram um aparelho sindical integrado ao Estado e separado dos trabalhadores.

O sociólogo alemão, Ferdinand Lassalle, em 1862, estabeleceu, em ensaio, a distinção do que ele denomina de Constituição jurídica e Constituição real, colocando que a primeira é constituída pelo conjunto das normas constitucionais formais e a segunda, pelos "fatores reais de poder" que possibilitam, ou não, a aplicação dessas normas.[31]

Analisando a organização sindical atual do Brasil, na qual a Constituição veda a existência de mais de um sindicato por categoria e base territorial (art. 8º, I, CF/88), mantendo-se fiel aos princípios da organização sindical corporativista, implantada no início dos anos 1930, e utilizando os conceitos estabelecidos pelo socialista, Ferdinand Lassalle, em 1862, tem-se que, no Brasil, a Constituição *jurídica,* no que diz respeito à organização sindical, é contraditória, pois estabelece, ao mesmo tempo, a autonomia e a dependência dos sindicatos diante do Estado.

Prosseguindo no mesmo raciocínio, faz-se necessário admitir que os problemas não residem apenas no campo jurídico, uma vez que, na realidade, nenhuma corrente sindical representativa nacional luta, de fato, pela autonomia sindical, por sua implantação, o que nos obriga a refletir sobre o pensamento de Lassalle, quando ele afirma que é a "Constituição real, e não a jurídica, que tende a prevalecer".[32]

Assim sendo, pode-se afirmar que o modelo sindical, em vigor no Brasil, favorecia a criação indiscriminada de inúmeros sindicatos, constituídos sem bases fortes, que se

---

(30) BOITO JR., Armando. *O sindicalismo de Estado no Brasil*. São Paulo: Hucitec/Unicamp, 1991. p. 26-27.
(31) LASSALLE, Ferdinand. *O que é uma Constituição?* Tradução: Hiltomar Martins Oliveira. Belo Horizonte: Cultura Jurídica – Ed. Líder, 2004. p. 48.
(32) *Idem.*

mantêm por meio das contribuições obrigatórias, que detêm apenas o poder de representação inerente à instituição, porém, sem representatividade, servindo apenas para "engrossar" o número de sindicatos já existentes nas mesmas condições.

No modelo brasileiro, as federações resultam da reunião de, pelo menos, cinco sindicatos da mesma categoria profissional, diferenciada ou econômica (art. 534, CLT).[33] As confederações resultam da reunião de, pelo menos, três federações, respeitadas as respectivas categorias, tendo sede em Brasília (art. 535, CLT).[34]

Até 2008, as Centrais Sindicais não compunham o modelo corporativista, não eram reconhecidos os poderes inerentes às essas entidades sindicais, principalmente no que concerne à representação jurídica.

A publicação da Lei n. 11.648, de 31 de março de 2008, marca uma importante mudança no sistema sindical brasileiro. Dispõe sobre o reconhecimento formal das centrais sindicais, altera a Consolidação das Leis do Trabalho – CLT, aprovada pelo Decreto-Lei n. 5.452 de 1º de maio de 1943, e dá outras providências.

A nova lei dispõe sobre o reconhecimento das Centrais Sindicais, em nossa estrutura sindical, traçando em linhas gerais os requisitos para a criação dos referidos entes de cúpula, suas atribuições e seu financiamento, já que anteriormente só existiam no plano institucional através de algumas entidades conhecidas pela sociedade, tais como a CUT (Central Única dos Trabalhadores), Força Sindical, Conlutas (Coordenação Geral de Lutas), USB (União Sindical Brasileira) e outras de menor expressão.

Com as mudanças introduzidas pela Lei n. 11.648/2008, as Centrais Sindicais que atingirem os critérios de representatividade passarão a ocupar um espaço importante no diálogo social brasileiro; essas entidades foram finalmente regulamentadas, reconhecendo assim, também, em última análise, a pluralidade nesse âmbito, o mais amplo da representação dos trabalhadores, introduzindo requisitos de representatividade para lhes conferir legitimação.

Com razão o mestre, Mauricio Godinho Delgado afirma que as centrais sindicais "constituem, do ponto de vista social, político e ideológico, entidades líderes do movimento sindical, que atuam e influenciam em toda pirâmide regulada pela ordem jurídica".[35]

Assim, com as alterações introduzidas pela lei, as Centrais Sindicais, também denominadas de uniões ou confederações de trabalhadores, são, a partir de então, consideradas entidades de cúpula, pois se situam no topo da estrutura sindical, acima dos sindicatos, das federações e confederações de trabalhadores.

---

(33) BRASIL. Consolidação das Leis do Trabalho – CLT, art. 534: "É facultado aos sindicatos, quando em número não inferior a 5 (cinco), desde que representem a matéria absoluta de um grupo de atividades ou profissões idênticas, similares ou conexas, organizarem-se em federações".
(34) *Ibidem*, art. 535: "As confederações organizar-se-ão com mínimo de três federações e terão sede na Capital da República".
(35) DELGADO, Mauricio Godinho. *Direito coletivo do trabalho*. 3. ed. São Paulo: LTr, 2008.

As Centrais Sindicais representam outras entidades sindicais, e não apenas os trabalhadores isoladamente, que a ela se filiam espontaneamente. São consideradas entidades intercategoriais, pois abraçam categoriais profissionais distintas.

Os requisitos de representatividade das Centrais Sindicais estão previstos no art. 2º da Lei n. 11.648/08, e se referem, entre outros, ao número de entidades sindicais filiadas às regiões do País onde atuam esses entes e às categorias econômicas defendidas.

No parágrafo único do art. 1º está a definição da natureza da entidade: "Considera-se central sindical, para os efeitos do disposto nesta Lei, a entidade associativa de direito privado composta por organizações sindicais de trabalhadores". Os requisitos para o exercício das atribuições e prerrogativas estão fixados no art. 2º, I: filiação de, no mínimo, cem sindicatos distribuídos nas cinco regiões do País; II: filiação em pelo menos três regiões do País de, no mínimo, vinte sindicatos em cada uma; III: filiação de sindicatos em, no mínimo, cinco setores de atividade econômica; e IV: filiação de sindicatos que representem, no mínimo, 7% (sete por cento) do total de empregados sindicalizados em âmbito nacional. No parágrafo único do art. 2º está fixado que o índice previsto no inciso IV do *caput* deste artigo será de 5% (cinco por cento) do total de empregados sindicalizados em âmbito nacional no período de vinte e quatro meses a contar da publicação da lei.

Dentro desse contexto, analisando os requisitos de representatividade, é provável que algumas das Centrais Sindicais formadas antes da Lei n. 11.648/08 não consigam atender aos requisitos legais ali insertos e terminem por perder espaço no cenário sindical brasileiro; esses fatos deverão ocorrer de forma natural.

Ao escrever sobre o assunto, Amauri Mascaro Nascimento, com muita propriedade, assevera que a redução do número de Centrais Sindicais foi justamente um dos objetivos da lei, segundo o jurista:

> "A exposição de motivos da nova lei mostra que houve um entendimento entre governo e trabalhadores para corrigir o elevado número de entidades que se apresentavam como tal sem prerrogativas e atribuições definidas".[36]

Reconhecida a sua representatividade, as Centrais Sindicais passam a possuir duas prerrogativas, que são a de coordenar a representação dos trabalhadores por meio das organizações sindicais filiadas e participar de negociações em fóruns, colegiados de órgãos públicos e demais espaços de diálogo social, nos quais se discutem questões afetas aos interesses gerais dos trabalhadores.

A função negocial coletiva, do ponto de vista dos trabalhadores, que antes era formalmente exclusiva das entidades sindicais, uma vez que a centrais sempre participaram do diálogo, mas não tinham o reconhecimento, agora passa ser realizada pelas Centrais Sindicais formalmente.

---

(36) NASCIMENTO, Amauri Mascaro. A legalização das centrais. *Revista da Academia Nacional de Direito do Trabalho*, São Paulo, ano XVI, n. 16, p. 89-94, 2008.

Estudos mostram que a função negocial coletiva, realizada pelos sindicatos brasileiros, sempre apontou para uma fragilidade destes, no que tange à representatividade. Não somente nas organizações sindicais de trabalhadores, mas em todas as suas organizações, inclusive de empregadores.

Tal fragilidade decorre, segundo os estudiosos do assunto, do grande número de confederações, federações e sindicatos existentes no País. O movimento sindical perde-se por falta de representatividade, haja vista o modelo sindical mantido pelo Estado.

A organização sindical brasileira necessita ganhar novos foros diante dessa estranha unicidade sindical, que permite que se criem sindicatos de todo gênero, atendendo aos interesses de uns poucos. Essa mudança sinaliza para uma nova perspectiva.

Segundo Rudimar Roberto Bortolotto, em recente estudo realizado, um dos importantes indicadores para aferição da representatividade dos sindicatos brasileiros é a taxa de sindicalização, sempre precária no Brasil.[37]

Ainda segundo o autor, várias características das relações de trabalho no Brasil contribuem para que, historicamente, o referido fator não tenha sido levado em conta, até porque a real representatividade do sindicato, no atual modelo, não é um dado significativo, além do fato de que, em muitos sindicatos, dificultam-se a sindicalização e a mobilização, a fim de evitar o surgimento de novas lideranças.[38]

Necessário se faz esclarecer que a crise da representatividade sindical não se restringe apenas ao Brasil, entretanto, o modelo de representatividade sindical aqui existente acaba ajudando sindicatos, com percentual insignificante de filiados, que se beneficiam da contribuição sindical compulsória para sua manutenção, mas não conseguem realizar nenhuma negociação coletiva para a categoria que representam, por falta de representatividade.

Na prática o que ocorre é que sindicatos, sem qualquer representatividade, aguardam aqueles que são atuantes e representativos firmarem convenções/acordos coletivos para aderirem a eles. São sindicatos conhecidos pela comunidade sindical como "sindicatos caroneiros".

Nesse aspecto, a nova lei que alterou vários artigos da CLT certamente irá dificultar a manutenção das entidades sem representatividade.

No que tange à Contribuição Sindical, o art. 5º da nova lei altera os arts. 589, 590, 591 e 593 da CLT. Tendo em vista a importância do tema para o estudo, necessário se faz transcrever as alterações do art. 589 da CLT, que passou a vigorar com a seguinte redação: "Art. 589. I – para os empregadores: a) 5% (cinco por cento) para a confederação correspondente; b) 15% (quinze por cento) para a federação; c) 60% (sessenta por cento) para o sindicato respectivo; e d) 20% (vinte por cento) para a Conta Especial Emprego

---

(37) BORTOLOTTO, Roberto Rudimar. Os aspectos da representatividade no atual direito sindical brasileiro. São Paulo: LTr, 2001. p. 99.
(38) *Idem.*

e Salário; II – para os trabalhadores: a) 5% (cinco por cento) para a confederação correspondente; b) 10% (quinze por cento) para a central sindical; c) 15% (quinze por cento) para a federação; d) 60% (sessenta por cento) para o sindicato respectivo; e e) 10% (dez por cento) para a Conta Especial Emprego e Salário. Os parágrafos do art. 5º instruem sobre a indicação da Central: o § 1º orienta que o sindicato indicará ao Ministério do Trabalho e Emprego a central sindical a que estiver filiado como beneficiário da respectiva contribuição sindical, para fins de destinação dos créditos previstos neste artigo, e o § 2º da central sindical a que se refere a alínea *b* do inciso II do *caput* deste artigo deverá atender aos requisitos de representatividade previstos na legislação específica sobre a matéria.

É importante também ressaltar que o art. 7º da nova lei, fruto de emenda incluída no substitutivo aprovado, mantém os artigos sobre a contribuição sindical até a aprovação de lei sobre a contribuição negocial. Os arts. 578 a 610 da Consolidação das Leis do Trabalho – CLT, aprovada pelo Decreto-Lei n. 5.452, de 1º de maio de 1943, vigorarão até que a lei venha a disciplinar a contribuição negocial, vinculada ao exercício efetivo da negociação coletiva e à aprovação em assembleia geral da categoria.

Assim, permanece inalterado o sistema de filiação e do recolhimento da Contribuição Sindical, uma vez que a nova lei manteve os artigos sobre a contribuição sindical até a aprovação de lei sobre a contribuição negocial, o que, conforme já mencionado anteriormente, favorece os sindicatos com percentual insignificante de filiados, que se beneficiam da contribuição sindical compulsória para sua manutenção, mas não conseguem realizar nenhuma negociação coletiva para a categoria que representam, por falta de representatividade, ficando à espera das conquistas dos sindicatos atuantes e representativos, para aderirem a eles.

No caso do Brasil, as reformas propostas envolvem grandes alterações no sistema sindical, alterações que, passados os momentos de transição e de adaptação, com certeza irão promover sindicatos representativos e fortalecidos, considerando, para tanto, a atuação de sindicalistas mais conscientes de seu papel e em busca de caminhos para enfrentar e solucionar os novos desafios impostos aos sindicatos, sendo um deles a regulamentação das Centrais Sindicais, já ocorrida por meio da Lei n. 11.648, de 31 de março de 2008.

Os estudos mostram que os sindicatos americanos e europeus também atravessam crise de representatividade, visto que, segundo estudos e pesquisas realizadas por sociólogos, a exemplo das apresentadas neste trabalho, os índices de filiação estão caindo ano a ano.

4.4. Representatividade sindical no Mercosul e na União Europeia

O movimento sindical internacional ainda é muito tímido; ele só teve início após o fim do período dos regimes militares (1980), quando então passou a se observar os primeiros contatos sindicais, haja vista a forte influência do discurso nacionalista dos partidos que dominavam a cena até então.

O modelo de fronteiras comerciais protegidas não despertava a mínima necessidade de um relacionamento político externo, segundo Maria Silvia Portella de Castro; somente "ao fim do período dos regimes militares (início dos anos 1980), começaram a surgir os primeiros contatos sindicais, alimentados pelo crescimento dos movimentos de resistência democrática no Chile, Argentina, Uruguai e Brasil, rompendo timidamente o isolamento de anos anteriores".[39]

Segundo mostram os estudos, a partir de então, as transformações políticas e sociais ocorridas nos diversos países geraram bases completamente diferentes para a ação sindical, tendo em vista que, dentre as modificações operadas, estavam as iniciativas de integração econômica e as de abertura para o mercado internacional.

No mesmo sentido, Erich Supper, ao escrever sobre o processo de globalização, suas implicações e sobre os desafios que a globalização apresenta para os sindicatos, assevera que "a ação isolada de sindicatos no nível de uma subsidiária estrangeira perde a sua eficiência diante de uma transnacional que decide e age globalmente", considerando que "dentro de sua rede internacional de empresas espalhadas por diferentes países, as transnacionais possuem muito mais opções de onde produzir, investir, aumentar a capacidade de produção, racionalizar ou fechar fábricas e dispensar trabalhadores".[40]

4.5. Representatividade sindical no Mercosul

À medida que as negociações no Mercosul forem progredindo, as necessidades de ajuste irão aparecer em certos ramos da indústria brasileira. Um pouco de reestruturação e racionalização corporativa será inevitável. Além disso, à proporção que os salários aumentam, algumas das atividades de mão de obra mais intensas podem perder a competitividade internacional.[41]

Nesse cenário de desafios para o sindicalismo, um tema de grande e relevante importância não pode ser deixado de lado. Trata-se das negociações coletivas. Segundo preleciona Amauri Mascaro Nascimento, "a negociação coletiva é a mais ampla fonte autônoma do Direito do Trabalho". Sua importância está tanto no plano nacional como no internacional e "tem merecido as maiores atenções da Organização Internacional do Trabalho, por meio das Convenções ns. 98 e 154, assim como pela Recomendação n. 163 e deliberação do Comitê de Liberdade Sindical".[42]

Mas, se as novas condições objetivas – políticas, econômicas e principalmente comerciais – criavam as bases para que, pela primeira vez, o sindicalismo do Cone Sul

---

(39) CASTRO, Maria Sílvia Portella de. Movimento sindical no Mercosul: trajetória e perspectivas de ação. In: LORENZETTI, Jorge; FACCIO, Odilon Luís (Orgs.). *O sindicalismo na Europa, Mercosul e Nafta*. São Paulo: LTr, 2000. p. 110.
(40) SUPPER, Erich. As implicações da globalização para o investimento, o emprego, a renda e a exclusão social. Tradução: Leila Brum. In: LORENZETTI, Jorge; VIGEVANI, Tullo (Coords.). *Globalização e integração regional: atitudes sindicais e impactos sociais*. São Paulo: LTr, 1998. p. 51-52.
(41) *Ibidem*, p. 71.
(42) NASCIMENTO, Amauri Mascaro. A autonomia coletiva como fonte do direito do trabalho na América Latina. *Revista LTr*, 59-01/14.

visse como necessário o contato entre si, foi a existência de estruturas temáticas de negociação no Mercosul, abertas à participação de empresários e sindicatos, que instituiu as bases efetivas e praticamente "obrigou" a construção de uma ação integrada. O fato de haver uma agenda oficial e, sobretudo, o tratamento de temas produtivos e laborais, estabeleceu uma nova dinâmica nas relações sindicais, obrigando os sindicalistas a buscarem, ao menos nas regiões, uma ação de consenso sobre questões concretas.[43]

Já na primeira fase da integração, as organizações sindicais do Mercosul passaram a atuar conjuntamente. A prévia existência da Coordenadoria de Centrais Sindicais do Cone Sul – CCSCS[44], impulsionada pela Organização Regional Interamericana de Trabalhadores – ORIT, em 1986 (que até 1990 era muito mais uma coordenação política solidária), contribuiu para que se estabelecesse um nexo de trabalho sistemático e as centrais rapidamente se apresentassem de forma unitária nas mesas oficiais de negociação.[45]

Em 1996, com a retomada das discussões do Subgrupo de Relações Trabalhistas, agora SGT 10, voltou-se a intensificar a articulação sindical, não só no plano institucional, mas também no da mobilização política, fruto da falência social, provocada pelos modelos de ajuste em pleno desenvolvimento, nos quatro países. Nessa retomada, o sindicalismo do Mercosul analisava como importante sua participação nos âmbitos oficiais de negociação, mas contabilizava os pobres resultados obtidos e colocava, no mesmo patamar de importância, sua capacidade de pressão política e de articulação com outros segmentos da sociedade. Exemplos desse reaquecimento foram o ato massivo de 17 de dezembro de 1996, em Fortaleza, por ocasião da reunião dos presidentes do Mercosul, e as manifestações em Belo Horizonte, durante a reunião dos Ministros de Economia e Comércio da Área de Livre Comércio das Américas (ALCA). Outra consequência foi o impulsionamento da criação do Fórum Consultivo Econômico e Social (FCE), visto como uma das vias de ampliação da sustentação política das teses que o sindicalismo vinha defendendo, quais sejam: o estabelecimento de uma dimensão social ao processo de integração e a democratização de suas instâncias de decisão.[46]

A retomada da participação nos fóruns laborais e políticos trouxe consigo uma mudança no formato das demandas sindicais. Os impactos dos novos cenários nacionais – sobretudo do desemprego e da precarização laboral – tornaram mais pragmático o discurso sindical e suas prioridades passaram a ser a criação de mecanismos para o tratamento do tema do emprego e da qualificação profissional (o Observatório sobre Mercado de Trabalho) e a adoção de instrumentos menos ambiciosos em relação aos direitos laborais (o Protocolo Sociolaboral), mas com capacidade de fiscalização de sua aplicação (a Comissão Sociolaboral tripartite).[47]

---

(43) CASTRO, *Op. cit.*, p. 111.
(44) Coordenadoria de Centrais Sindicais do Cone Sul – CCSCS – Criada com o apoio da CIOSL/ORIT em 1987 e integrada pelas três centrais sindicais brasileiras (CUT, CGT, FS), pela CGT – Argentina, pela CUT – Paraguai, pelo PIT/CNT – Uruguai, pela CUT – Chile e pelo COB – Bolívia. Nos seus três primeiros anos de vida, a CCSCS era quase simbólica; com o desenvolvimento do processo de integração, passou a ter uma vida mais efetiva.
(45) CASTRO, *Op. cit.*, p. 111.
(46) *Ibidem*, p. 113.
(47) *Ibidem*, p. 113.

Analisando a atuação das Centrais Sindicais, constata-se que houve um reconhecido avanço da prática sindical, capaz de se ocupar de temas macroestruturais e, ao mesmo tempo, um baixo nível de intervenção local, que poderia trazer saldos em curto prazo.[48]

Por outro lado, essa forma de atuação das Centrais Sindicais do Mercosul tem sido importante para que sejam reconhecidas como interlocutoras e para alcançar os resultados já mencionados, que poderão propiciar a negociação de políticas e medidas setoriais de promoção do emprego, via Observatório do Mercado de Trabalho, permitindo a elevação dos padrões sociais, em cada país, e tendo em vista as possibilidades oferecidas pela Declaração Sociolaboral.[49]

É preciso que o sindicalismo utilize a Comissão Sociolaboral como um espaço de denúncias e de politização dos problemas sociais decorrentes da integração (que até hoje ficaram à margem das agendas governamentais), como um mecanismo de negociação coletiva e de solução de conflitos. O crescimento da articulação sindical, obtido até agora, pode facilitar o desenvolvimento de processos de negociações coletivas, no âmbito das empresas e setores, podendo incrementar resultados concretos, em termos de salários e condições de trabalho.[50]

A título de exemplo, corroborando o avanço nas relações sindicais, o primeiro passo foi dado com o contrato coletivo da Volkswagen. No entanto, conforme observa Maria Sílvia Portella de Castro, a extensão desse exemplo para outras empresas e setores dependerá da elevação do grau de articulação sindical e principalmente de mudanças que anulem os efeitos dos desequilíbrios conjunturais, que se propagam por meio da interdependência econômica e comercial, como, por exemplo, a desvalorização cambial brasileira. Superar essa situação significa, então, pressionar para que haja o aprofundamento do processo de integração de políticas macroeconômicas, produtivas e fiscais.[51]

Desse modo, não há como negar que os desafios dos sindicatos são o fortalecimento, visando à cooperação nesse mercado, desenvolvendo uma ação comum, melhorando a estrutura regional de política social e a obtenção de uma prioridade para as preocupações com o emprego nesse bloco de integração.

4.6. Representatividade sindical na União Europeia

A coordenação e a organização dos trabalhadores europeus antecedem a própria criação da Comunidade Europeia. Os Secretariados Profissionais Internacionais (SPI's), criados há mais de cem anos, eram organizações principalmente europeias, o que é compreensível nesses países. A Confederação Internacional de Organizações Sindicais Livres

---

(48) *Ibidem*, p. 135.
(49) *Idem*.
(50) *Idem*.
(51) *Idem*.

– CIOSL (*International Confederation of Free Trade Unions* – IFCTU) já começou, em 1950, com uma organização regional europeia, que acabou não se consolidando. Foi somente em 1973 que dezesseis afiliados da Confederação Internacional de Organizações Sindicais Livres – CIOSL, de quinze países europeus, fundaram a Confederação Europeia de Sindicatos – CES (*European Trade Union Confederation* – ETUC). No mesmo ano, integrou-se também a *Confederazione General e Italiani di Laboratori* – CGIL, apesar de não se ter filiado à Confederação Internacional de Organizações Sindicais Livres – CIOSL ainda.[52]

A Confederação Europeia de Sindicatos – CES – engloba uma estrutura dupla. De um lado, há as centrais sindicais nacionais, de outro, as quatorze federações[53] europeias por ramo de produção.

Na realidade, só em 1991 as Federações Europeias se integraram de fato à estrutura da CES. Por muito tempo, elas tiveram só um *status* consultivo. Aliás, muitas delas foram criadas bem antes da própria Confederação Europeia de Sindicatos – CES, a exemplo da Federação Europeia do Transporte, criada já em 1958. Em 1986, a Federação Europeia Metalúrgica conseguiu o primeiro acordo com a multinacional do setor eletrônico – *Thomson Consumer Electronics*, a respeito de troca de informações e consulta na Europa.[54]

Há também um terceiro nível de organização, que são os Conselhos Sindicais Interregionais. Tratam-se de estruturas transnacionais, que possibilitam a atuação em conjunto de dois ou mais sindicatos, situados, em sua maioria, em regiões fronteiriças. O primeiro Conselho Sindical Inter-regional foi criado em 1976, no setor siderúrgico, entre as regiões de Saarland-Lorena e Luxemburgo, envolvendo os sindicatos da Alemanha, França e Luxemburgo. Já vinte anos mais tarde, havia 36 conselhos funcionando. No início, os Conselhos Sindicais inter-regionais operavam como estruturas informais, de cooperação sindical, mas, a partir de 1992, a Confederação Europeia de Sindicatos – CES – reconheceu-os como estruturas sindicais representativas. Uma das principais atividades dos Conselhos é a atuação frente a políticas de desenvolvimento regional.[55]

---

(52) SCHUTTE, Giorgio Romano. Sindicalismo na Europa e sindicalismo europeu. In: FACCIO, Odilon Luís; LORENZETTI, Jorge (Coords.). *Sindicalismo na Europa, Mercosul e Nafta*. São Paulo: LTr, 2000. p. 87.
(53) Confederação Europeia de Sindicatos – CES (Engloba o Comitê Europeu da Internacional de Comunicação, Comitê Europeu da UITA (alimentação), Federação Europeia dos Trabalhadores da Agricultura, Federação Europeia da Construção Civil e da Madeira, Federação Europeia dos Jornalistas, Federação Europeia dos Gráficos, Federação Europeia dos Trabalhadores da Química, das Minas e da Energia, Federação Europeia dos Trabalhadores Metalúrgicos, Federação Europeia dos Servidores Públicos, Comitê Sindical Europeu de Trabalhadores da Educação, Federação Europeia dos Trabalhadores Têxteis, do Vestuário e do Couro, Organização Regional Europeia da Federação Internacional dos Trabalhadores do Comércio, Bancários, da Administração e Técnicos, Federação Europeia dos Trabalhadores da Indústria de Diamantes e Pedras Preciosas, Federação Europeia de Trabalhadores do Transporte).
(54) SCHUTTE, *Op. cit.*, p. 88.
(55) *Ibidem*, p. 88.

Ressalta Giorgio Romano Schutte que um grande problema para a organização sindical na Europa é o seu financiamento. A princípio, as federações setoriais são financiadas por repasses dos sindicatos nacionais do ramo, e a CES, por sua vez, pelas contribuições das centrais sindicais nacionais filiadas. Entretanto, essas contribuições são ainda muito baixas e não chegam minimamente ao nível necessário para realmente poder enfrentar o desafio que está colocado. Na prática, as estruturas europeias vivem em grande parte de financiamento (subsídios) da própria União Europeia e, mais especialmente, da Comissão Europeia, muitas vezes, por meio do Parlamento Europeu.[56]

No que tange ao funcionamento dos sindicatos, a diretriz estabelecida exigia que os países-membros incorporassem-na dentro de dois anos (até setembro de 1996), nas legislações nacionais ou num acordo coletivo de âmbito nacional. A diretriz determinava algumas normas básicas sobre o direito de informação e consulta na Europa, mas com certa margem de liberdade para a formulação final, na legislação nacional ou no acordo coletivo, por exemplo, em relação às garantias para os membros do comitê e, sobretudo, em relação à participação ou não dos sindicatos, no processo de negociação, para a instalação de um Comitê de Empresa e no próprio Comitê.[57]

Em outro passo rumo à negociação europeia destaca-se, principalmente, a questão dos comitês de empresa, porque eles estão mais perto da agenda sindical do dia a dia, criando a base para uma negociação europeia integrada aos sistemas de negociação coletiva nacionais.[58]

Os governos adotaram essa política por meio do Acordo sobre Políticas Sociais, que se tornou anexo do Tratado de Maastricht. No art. 3 do Acordo foi codificado o reconhecimento do direito de consulta aos trabalhadores para formulação das políticas europeias: "... antes de submeter propostas sobre políticas sociais, a Comissão consultará empresários e trabalhadores". No art. 4: "Se empresários e trabalhadores assim quiserem, o diálogo entre eles e a União pode resultar em relações contratuais, inclusive acordos".[59]

Indiscutivelmente, o modelo criado vem dando certo; porém, ainda se encontra em desenvolvimento e aprimoramento, o que servirá, com certeza, de modelo para os demais blocos regionais, a exemplo do Mercosul, resguardadas logicamente as peculiaridades e a realidade de cada um deles.

Ainda que o tempo tenha avançado e produzido alterações drásticas, a história sempre se repetirá quando o assunto se referir ao movimento sindical. É incontestável que a Revolução Francesa acendeu, na classe operária trabalhadora, a chama da valorização pessoal, da cidadania, que, juntamente com a intensificação da divisão do trabalho e com a maior exploração do capital, fez surgir a consciência de classe e a visualização da necessidade de uma melhor organização. Segundo Huberman, "a organização da classe

---

(56) *Ibidem*, p. 87.
(57) *Ibidem*, p. 90.
(58) *Ibidem*, p. 94.
(59) *Idem*.

trabalhadora cresceu com o capitalismo, que produziu, na classe, o sentimento de classe e o meio físico de cooperação e comunicação".[60]

A Revolução Francesa gerou confiança e provocou, na classe operária, a necessidade de mobilização constante. Segundo explica Hobsbawm, o que tinha de novo no movimento operário do princípio do século XIX "era a consciência de classe e a ambição de classe. Os 'pobres' não mais se defrontavam com os 'ricos'. Uma classe específica, a classe operária, trabalhadores ou proletariado, enfrentava a dos patrões ou capitalistas".[61]

Todas essas transformações foram fundamentais para que o movimento sindical continuasse no seu papel histórico de proteção e de instrumento de resistência dos trabalhadores.[62]

Analisando o movimento operário desde o seu surgimento, constata-se que ele é pautado no entendimento da cooperação e da solidariedade entre os homens, transformando-se, assim, ao longo do tempo, em direitos fundamentais, que se erguem diante do poder estatal, limitam a ação e facultam à pessoa humana utilizar-se dos direitos, a exemplo do direito de liberdade (liberdade de consciência, de propriedade, de manifestação do pensamento, de associação, de participação política) e dos direitos sociais, como direito à educação, direito ao trabalho, à saúde e outros.

Dentre os direitos humanos fundamentais encontra-se, hoje, integrada, a Liberdade Sindical, e segundo Cristiane Rozicki:

> (...) o reconhecimento da Liberdade Sindical com direito fundamental, por todo planeta, é um perfeito exemplo para certificar que tais direitos têm advindo da evolução da compreensão humana. Ou seja, pertencem a uma ética de vida, a uma ordem moral de vida entre os homens, que, descoberta como imprescindível à vida em comunidade, vem evoluindo com a história da humanidade e adquirindo força convicta de verdade.[63]

Ainda segundo observação da autora, a liberdade sindical constitui o resultado da luta dos trabalhadores por melhores condições de vida e de trabalho. Visa buscar o equilíbrio na distribuição e no oferecimento de condições de acesso à democracia, nos planos econômicos e sociais.

> Um direito reconhecido como fundamental, descoberto pouco a pouco, aperfeiçoado e ampliado ao longo da experiência viva dos homens, que acabou transformado em uma ordem moral de vida em sociedade e que tem sua eficácia plenamente respeitada nos países que objetivam o encontro da Justiça Social (o

---

(60) HUBERMAN, Leo. *História da riqueza do homem*. Tradução: Waltensir Dutra. 21. ed. Rio de Janeiro: LTC, 1986. p. 220.
(61) HOBSBAWM, Eric J. *A era das revoluções*. Tradução: Maria Tereza Lopes Teixeira e Marcos Penchel. 2. ed. São Paulo: Paz e Terra, 1979. p. 230.
(62) CALVETE, Cássio. *Estudo da relação entre as estruturas sindicais e as formas de organização do processo de produção*. Disponível em: <www.abphe.org.br/congresso2003/textos> Acesso em: 25 jan. 2005.
(63) ROZICKI, Cristiane. *Noções sobre direitos fundamentais do homem e alguns aspectos de uma de suas categorias*. Disponível em: <www.serrano.neves.nom.br/cgd/010601/2ª.022.htm> Acesso em: 25 jan. 2005.

fundamento da paz universal segundo a parte XIII do Tratado de Versalhes), a qual corresponde a um melhor equilíbrio na distribuição e no oferecimento das condições de acesso à democracia nos planos econômico e social.[64]

Comprovadamente, os estudos históricos mostram que a liberdade sindical constitui o resultado da luta dos trabalhadores por melhores condições de vida e de trabalho. É o resultado de convicções que foram adquiridas com o desenrolar da história da humanidade.

---

(64) *Idem.*

CAPÍTULO V

REPRESENTATIVIDADE SINDICAL BRASILEIRA

Com a posse do governo Luiz Inácio Lula da Silva, em 2003, a antiga reforma trabalhista foi transformada em reforma sindical e trabalhista, ganhando força e destaque por intermédio do Fórum Nacional do Trabalho, encontrando-se, assim, aberto o diálogo social entre o governo e as entidades sindicais do País sobre a reforma sindical.

A insatisfação com a atual organização sindical do Brasil vem sendo manifestada por vários grupos ao longo dos últimos vinte anos. As principais queixas referem-se ao monopólio sindical, que é imposto pela Constituição Federal (um só sindicato por categoria e base territorial), à compulsoriedade da contribuição (um dia de salário por ano dos empregados e um percentual progressivo do capital social dos empregadores) e à falta de representatividade e legitimidade de inúmeros sindicatos, que são criados com vistas, exclusivamente, ao recebimento da contribuição sindical ("sindicatos de gaveta").[1]

Ao lado dessas queixas, havia a queixa das Centrais Sindicais que reclamavam, com razão, que há vinte anos desempenhavam a função de negociar, sem, no entanto, poderem assinar acordos ou convenções coletivas ou ingressarem na Justiça do Trabalho pela falta de reconhecimento; essa insatisfação foi resolvida por meio da promulgação da Lei n. 11.648, de 31 de março de 2008, que reconheceu as Centrais Sindicais, introduzindo requisitos de representatividade para lhes conferir legitimação.

A reforma sindical e trabalhista constitui uma das diretrizes prioritárias do Governo Federal atual, e o será no futuro. A urgência requerida por essa reforma decorre da necessidade de tornar as leis e instituições do trabalho mais compatíveis com a nova realidade econômica, política e social do País, de maneira a favorecer a democratização das relações de trabalho e a criar um ambiente propício à geração de empregos de melhor qualidade e à elevação da renda da população.

Muito se tem falado e escrito sobre a reforma sindical, porém os avanços nesse sentido têm sido lentos e de difícil execução. Alguns autores limitam-se apenas a traçar conjecturas sobre o futuro dos sindicatos, chegando até mesmo a prever seu fim, porém não se aprofundam nos estudos e nas pesquisas, para investigar de fato as causas da crise do sindicalismo brasileiro.

Nesse cenário de críticas e sugestões sobre a reforma sindical, não se pode deixar de pensar na essencial responsabilidade e no importante papel que os sindicatos desempenham. Erich Supper escreve que o papel principal do sindicato, que é o de defender os

---
(1) PASTORE, José. *Reforma sindical* – para onde o Brasil quer ir? São Paulo: LTr, 2003. p. 7.

direitos trabalhistas e negociar salários e condições sociais, continua tão essencial quanto antes. Porém, há a necessidade de os sindicatos aumentarem a sua capacidade de participação no debate sobre decisões de políticas estratégicas. As políticas governamentais, de relevância para o emprego, deslocaram-se da intervenção direta na produção e nas medidas setoriais para a macroeconomia, taxas de câmbio e fiscais, integração e outros instrumentos mais gerais de política.[2]

O progresso das relações sociais depende da atuação esclarecida dos sindicatos, no desempenho da função que lhes é inerente e indelegável, que é a de defender a dignidade do trabalho, com base no espírito de solidariedade, atuação que só será efetiva por meio de sindicatos fortes e representativos.

Certo é que, para sobreviver e crescer, as entidades sindicais estão sendo desafiadas a definir papéis criativos e organizar composições que sejam capazes de despertar os genuínos interesses de seus representados. A crise só não é maior porque os sindicatos dispõem de uma receita oriunda da contribuição sindical compulsória.

Armando Boito Júnior, discutindo sobre a crise do sindicalismo, faz vários questionamentos, mostrando que há nele uma crise e um refluxo internacional. O sindicalismo perdeu filiados, teve diminuída sua atividade reivindicativa e perdeu influência política nas principais economias capitalistas — Europa Ocidental, América do Norte e Japão. Caíram então as taxas de sindicalização, a frequência de greves e a importância política do movimento sindical no Brasil, no México, na Argentina, no Chile, na Bolívia e em outros países.[3]

No mesmo sentido, Adriano Guedes Laimer, ao comentar sobre a crise do sindicato brasileiro, defende que "a realidade proporciona a constatação da necessidade de os sindicatos buscarem uma participação ativa na vida nacional, discutindo as políticas públicas e econômicas, bem assim atuando na defesa do meio ambiente e do patrimônio público".[4]

O principal desafio enfrentado pela organização sindical brasileira deve-se ao fato de a cultura e a ideologia predominantes no sindicalismo brasileiro serem oriundas do modelo de organização sindical que, no Brasil, sempre foi marcada pela intervenção estatal, revestida de natureza limitativa, com a finalidade específica de fracionar ao máximo o movimento sindical, levando-o ao enfraquecimento.

A precedência da reforma sindical à trabalhista deve-se à concepção da liberdade sindical como o centro dinâmico do sistema de relações de trabalho, cuja configuração é imprescindível para definir o padrão de reforma trabalhista.

---

(2) SUPPER, Erich. As implicações da globalização para o investimento, o emprego, a renda e a exclusão social. Tradução: Leila Brum. In: LORENZETTI, Jorge; VIGEVANI, Tullo (Coords.). *Globalização e integração regional:* atitudes sindicais e impactos sociais. São Paulo: LTr, 1998. p. 70.
(3) BOITO JR., Armando. A crise do sindicalismo. In: SANTANA, Marco Aurélio; RAMALHO, José Ricardo (Orgs.). *Além da fábrica.* São Paulo: Boitempo, 2003. p. 332.
(4) LAIMER, Adriano Guedes. *O novo papel dos sindicatos.* São Paulo: LTr, 2003. p. 112.

A contribuição sindical é a principal receita do sindicato no Brasil. É compulsória e possui natureza parafiscal. Na doutrina, predomina, atualmente, o entendimento de que a contribuição sindical imposta compulsoriamente fere a liberdade sindical, que é um tributo de característica corporativista e que sobrevive em pouquíssimos países. Ressalta a doutrina que o suporte financeiro dos sindicatos deve ser sempre voluntário. A contribuição sindical destina-se ao custeio do sistema confederativo conforme o art. 8º, IV, da CF.

O reconhecimento das Centrais Sindicais foi um grande avanço para o fortalecimento do movimento sindical brasileiro, afinal a presença das Centrais Sindicais sempre foi marcante na política e nas decisões do Judiciário, como nas greves, por exemplo.

O que se espera é que com reconhecimento das Centrais Sindicais os sindicatos passem a ser mais representativos, vivendo de receitas próprias, com mais credibilidade.

Hoje existem sindicatos que não têm representatividade para negociar direitos em nome dos trabalhadores, colocando em risco a perda de direitos consagrados ao longo de mais de 60 anos.

Os requisitos estabelecidos pela Lei n. 11.648, de 31 de março de 2008, para o exercício das atribuições e prerrogativas das Centrais, art. 2º, não deixam dúvidas de que sobreviverão apenas as Centrais que se encontrarem fortalecidas e com índice de representatividade expressivo, fazendo com que de forma natural as mudanças no âmbito da estrutura sindical ocorram sem traumas, de forma consciente e madura.

5.1. Reforma sindical

No Fórum Nacional do Trabalho, tanto o governo como as Centrais Sindicais, foram as únicas organizações de representação dos trabalhadores convidadas a participar do debate aberto pelo governo para discutir a reforma sindical. Na época, as Centrais Sindicais apresentaram propostas com sugestões para reforma sindical, as quais foram discutidas e encontram-se no Relatório Final do Fórum Nacional do Trabalho.[5]

As principais propostas para a reforma sindical referem-se à alteração na legislação sindical, no que diz respeito à organização e à sustentação financeira das entidades sindicais de trabalhadores, que lhes impõem critérios gerais de organização; à alteração nos estatutos dos sindicatos, na estrutura e em âmbito de representação; ao reconhecimento das Centrais Sindicais; à forma de organização e de sustentação financeira das entidades sindicais de empregadores e, principalmente, aos critérios de representatividade para o reconhecimento das entidades sindicais dos trabalhadores e empregadores, conforme Relatório Final do Fórum Nacional do Trabalho.[6]

---

(5) FÓRUM NACIONAL DO TRABALHO. Reforma Sindical – Relatório Final. Ministério do Trabalho e Emprego, Secretaria de Relações do Trabalho, Brasília, 2004.
(6) *Idem.*

Dentre os temas sujeitos à alteração está a representatividade sindical. Foram apresentadas propostas, tanto por parte do governo como das centrais sindicais, as quais têm gerado, desde então, muita polêmica.

Após analisar as propostas apresentadas e os discursos dos sindicalistas (centrais sindicais), do governo, da crítica em geral (favoráveis e contrárias), concluiu-se que o questionamento central, que emperra o processo de reforma sindical, é a insegurança e o medo das mudanças, que não podem ser adiadas e para as quais os dirigentes sindicais (representantes dos trabalhadores e empregadores) não estão preparados e fazem questão de não estarem.

Até certo ponto, essa insegurança deve ser vista como processo natural, afinal toda e qualquer reforma implica alterações, rompimento de amarras, ganhos e perdas, e é por essas razões que a reforma sindical encontra resistência, principalmente por parte daqueles que deveriam ser os maiores interessados – os sindicalistas (sindicatos, federações, confederações, centrais sindicais do País), que permanecem acomodados frente às reformas das organizações sindicais no Brasil.

Analisando os últimos discursos sobre a reforma sindical, pode-se dizer, com certeza, que o que falta para o sindicalismo brasileiro são o amadurecimento e a coragem necessários para romper com o velho modelo. Esse amadurecimento deve ser atingido por todos os protagonistas envolvidos – a classe trabalhadora, os empregadores, o governo e, principalmente, os dirigentes sindicais.

Esse é o caminho a ser seguido para obter-se o avanço necessário, que levará ao desenvolvimento e ao fortalecimento dos sindicatos brasileiros, possibilitando, assim, uma participação efetiva, tanto nos aspectos sociais como nos econômicos do País. Somente por meio de novas posturas e de uma nova cultura dos dirigentes sindicais é que o diálogo fluirá concretamente e culminará na reforma sindical almejada e necessária, a qual realmente irá beneficiar as partes envolvidas no diálogo social e se ajustará à realidade que envolve as novas relações do trabalho, nos âmbitos nacional e internacional.

Claro está que a reforma não deve se limitar apenas aos aspectos formais e estruturais da organização em si; ela deve ir além da estrutura externa, para atingir, principalmente, a estrutura interna e chegar até os membros que a compõem: os dirigentes sindicais e seus filiados.

Antonio Lettieri[7] também observa que existe, por parte do sindicato, uma resistência à renovação, ao acolhimento e à receptividade às mudanças. Apresenta o autor uma reflexão dizendo que os elementos de crise e a aceleração do processo de globalização se projetam sobre o sindicato e bloqueiam sua renovação necessária, dado os atrasos e os limites no acolhimento e na receptividade às mudanças.[8]

---

(7) Presidente do Instituto Europeo di Studi Sociali – Associazione Europea (IESS – AE).
(8) LETTIERI, Antonio. Notas sobre a globalização e sua ideologia. Tradução: Mabel Malheiros Bellati. In: LORENZETTI, Jorge; VIGEVANI, Tullo (Coords.). *Globalização e integração regional:* atitudes sindicais e impactos sociais. São Paulo: LTr, 1998. p. 98.

Ainda segundo observa o autor, além da resistência à renovação, outros pontos envolvem o problema da representação do sindicato, mostrando que este não deve representar apenas o "núcleo forte e tradicionalmente organizado da força de trabalho, mas deve dar voz ao lado mais fraco, que, exatamente pela sua fraqueza e marginalização, tende a ficar desorganizado, excluído tanto da tutela do sindicato quanto da proteção do Estado Social".[9]

Diante desse contexto, tem-se que o maior desafio do sindicato está hoje nesse alargamento da área de representação e de reação à:

> (...) cultura individualista, à perda daqueles valores da ética social, que acompanham a ideologia neoliberal. O sindicalismo deve, em outras palavras, procurar a representação direta ou a reconciliação com formas de representação externas, que o aproximem do mundo das mulheres, dos jovens, dos marginalizados, na zona rural e nas periferias das grandes cidades.[10]

Nesse mesmo sentido, Otávio Augusto Custódio de Lima, escrevendo sobre as organizações sindicais frente ao movimento flexibilizador do Direito do Trabalho, entende que "esse novo perfil dado às organizações sindicais, frente ao movimento flexibilizador do Direito do Trabalho, exige que essas organizações exerçam a função de base de sustentação desse tipo de reforma. Porém, para que obtenham êxito, se faz necessário o surgimento de uma entidade sindical forte e representativa".[11]

Para o alcance dessa posição, urge a existência de uma capacidade de evolução sob vários aspectos: a visão sindical sobre como atuar e desenvolver a ação, mas, também, evolução nas mudanças estruturais, o romper das amarras para permitir o avanço do próprio movimento sindical: "amarras técnicas, burocráticas e, às vezes, mentais, em razão de existir inúmeros dirigentes sindicais com mentalidade sindical atrasada".[12]

Embora as centrais sindicais neguem a existência de crise com relação à sua representatividade, ela existe e pode ser explicada pela diminuição do número de trabalhadores sindicalizados. O cenário nacional e as notícias mostram que a crise existe e abrange os sindicatos tanto nacionais como internacionais.

A crise com relação à efetiva representatividade sindical deve-se, em grande parte, à baixa taxa de sindicalização, o que demonstra o desinteresse, por parte dos trabalhadores, em participar, em filiar-se aos sindicatos.

No entanto, em nosso país, as dificuldades para a aproximação e o conhecimento dos números corretos de filiação sindical são reais, pois não há um organismo oficial que elabore uma pesquisa segura sobre o número de sindicatos e de sindicalização, nem mesmo as causas que levam os trabalhadores a não se filiarem a seus órgãos de representação.

---

(9) *Idem.*
(10) *Idem.*
(11) LIMA, Otávio Augusto Custódio de. Negociação coletiva: um caminho para flexibilização. In: RÜDIGER, Dorothee Susanne (Coord.). *Tendências do direito do trabalho para o século XXI* – globalização, descentralização produtiva e novo contratualismo. São Paulo: LTr, 1999. p. 255-256.
(12) *Idem.*

A única pesquisa sindical existente foi realizada em 2001, pela única e principal fonte de dados e informações do País, o Instituto Brasileiro de Geográfica e Estatísticas – IBGE.[13]

A coleta de dados refere-se: ao número de sindicatos e de associados; à taxa de sindicalização; a negociações coletivas de trabalho realizadas; às características das pessoas sindicalizadas; às formas de representação nos locais de trabalho; aos principais serviços prestados; às atividades oferecidas pelos sindicatos, destacando-se curso de qualificação e requalificação de mão de obra; às contribuições arrecadadas; à filiação a centrais, federações e confederações sindicais; e a entidades civis de assessoramento técnico.

Segundo o Instituto Brasileiro de Geografia e Estatística – IBGE, a análise dos resultados evidencia as transformações ocorridas na organização sindical brasileira, no período de 1991 a 2001, e as diferenças regionais observadas.

Entretanto, a referida pesquisa há que ser olhada com critérios, uma vez que não traz informações precisas, levando-se em consideração a metodologia utilizada para a coleta das informações, por meio de dados fornecidos apenas pelas centrais e não coletados junto às bases sindicais.

No que se refere ao número de associados e, principalmente, aos trabalhadores na base, as informações estão sujeitas a superestimações derivadas de dupla contagem, levando-se em consideração que um mesmo indivíduo pode ser computado em duas categorias distintas. É o caso dos indivíduos de formação superior ou técnica, de nível médio, que exercem atividade profissional na indústria, ou em serviços, e que consequentemente tendem a ser computados, simultaneamente, como profissionais liberais e em categoria de outro grupo profissional, ou, ainda, computados em uma mesma categoria por sindicatos distintos, seja porque há dois sindicatos numa mesma base, representando a mesma categoria, ou porque há dois sindicatos de abrangência, de base distinta, representando a mesma categoria, conforme informação fornecida pelo próprio instituto.[14]

Observadas as ressalvas acima assinaladas, as informações colhidas pelo Instituto (IBGE) junto a organizações sindicais mostram que a taxa de sindicalização (tabela 7 da pesquisa) de trabalhadores, em geral, pouco variou entre 1992 e 2001. Isso com relação aos trabalhadores urbanos; já em relação aos trabalhadores rurais, a pesquisa apontou para uma taxa de sindicalização com crescimento significativo; porém, a explicação para o fenômeno é a de que o crescimento apontado se deveu, exclusivamente, à forte redução de sua base (sindicatos de base), portanto não se pode afirmar que houve um crescimento real de sindicalização.

Estudos semelhantes realizados na Espanha, país onde o sindicalismo possui raízes históricas parecidas com as do Brasil, coordenados pela socióloga Obdulia Taboadela, professora de Sociologia da Universidade da Coruña, e pelo sociólogo Fermín Bouza,

---

(13) IBGE. Pesquisa Sindical (2002a) sobre número de sindicatos e de associados, sobre taxa de sindicalização, e de negociações coletivas de trabalho. Disponível em: <http//www.ibge.gov.br/home/estatistica> Acesso em: 14 dez. 2004.
(14) *Idem*.

professor de sociologia da Universidade Complutense, sobre a evolução da filiação sindical na Espanha e a cultura histórica dos sindicatos, revelam dados interessantes para o estudo da representatividade sindical, já que explicam, de certa forma, o porquê da baixa taxa de sindicalização atual, fenômeno que ocorre em todos os países.

De acordo com a socióloga, hoje estamos diante do que se tem "chamado de sindicatos de representação mais do que de filiação", o que pode ser explicado pelas baixas taxas de filiação.[15]

Ainda segundo a autora, a "ideologia sindical ou cultura tradicional ou histórica dos sindicatos é um sistema bastante travado de crenças que se sustentam em dois pilares fundamentais". Faz-se necessário uma melhor avaliação "da ação e da consciência de classe como elementos diferenciadores do sindicalista frente ao não sindicalista".[16]

Dessa forma, não há como negar que os conhecimentos e a cultura (a ideologia) passados pelos dirigentes sindicais exercem grande influência sobre os trabalhadores, razão pela qual devem ser mais preparados e mais interessados nas mudanças que o novo mundo do trabalho impõe. No caso do Brasil, devem se despir da cultura conservadora que os envolve, criando formas alternativas para melhor atender os seus representados (filiados), informando-os e conscientizando-os dos novos rumos e interesses do sindicalismo, trazendo-os de volta à organização, rompendo as amarras com o velho modelo sindical.

É o que alguns estudiosos têm chamado de reminiscências. É o paradoxo entre a permanência ou regresso da cultura tradicional, nos momentos críticos de uma organização. Fermín Bouza, sociólogo Espanhol, discorrendo sobre o tema cultura, discurso e opinião pública, assim como sobre os processos de modernização cultural nos sindicatos, observa que:

> (...) Entendo por paradoxos da reminiscência aquelas contradições que se apresentam entre sua cultura tradicional de sustentação (incentivos coletivos de identidade) e as necessidades de adaptação: as reminiscências são vozes coletivas de identidade e a presença ou o regresso recorrente dessa cultura tradicional, que cumpre funções autoconservadoras de identidade e coesão, entre outras.[17]

Ainda segundo explica Fermín Bouza, ao se referir à cultura de uma classe, "quanto mais próximos da adoção de decisões organizativas maior é a tendência dos filiados e delegados de culpar o mundo externo das crises sindicais (desinteresse dos trabalhadores) e menor de culpar o próprio sindicato (mal funcionamento dos sindicatos).[18]

---

(15) TABOADELA, Obdulia. *La evolución de la afiliación sindical en España y la cultura histórica de los sindicatos*. Disponível em: <http://www.bib.uab.es/pub/papers/02102862n54p49.pdf> Acesso em: 14 dez. 2004.
(16) *Idem.*
(17) BOUZA, Fermín. *La opinión pública interior en un sindicato histórico de clase*: paradojas de la reminiscencia y modelos cognitvos. Disponível em: <http://www.bib.uab.es/pub/papers/02102862n54p49.pdf> Acesso em: 14 dez. 2004.
(18) *Idem.*

5.2. Críticas e perspectivas diante da reforma sindical

Frente às constatações apontadas, claro está que a crise da representatividade sindical não tem origem apenas nos reflexos e nos acontecimentos externos, a exemplo da globalização, tema sempre recorrente para explicar a crise sindical. A crise relacionada com a representatividade sindical revela-se muito maior no interior dos sindicatos. Hoje, a ação sindical não se dirige apenas a melhores condições de saúde, higiene e segurança do trabalho, mas, também, à defesa do meio ambiente, como fator que influi diretamente nos contratos de trabalho. O trabalhador, como qualquer outro, é consumidor; e sua defesa, como tal, extravasa o conceito de interesse profissional.

No mesmo sentido, Aryon Sayão Romita, escrevendo sobre a globalização e o poder dos sindicatos, preleciona que:

> As transformações ocorridas no mundo capitalista determinam a necessidade de mudanças no movimento sindical. Essas transformações afetam a organização do trabalho, obrigando o sindicato a adaptar-se a novas realidades; por outro lado, elas geram novas estruturas produtivas, que alteram a individualidade dos prestadores de serviços, irradiando efeitos sobre a representatividade dos órgãos de classe.[19]

No caso do Brasil, as próprias Centrais Sindicais admitem a necessidade de reformas e que essas reformas não devem ser só externas, mas, principalmente, internas; admitem a necessidade de sindicalistas mais preparados para enfrentar as novas relações de trabalho, com uma nova cultura de sindicato como organização representativa moderna, conforme noticiários, assim como pelas propostas entregues pelas centrais para discussão no Fórum Nacional do Trabalho.

A representatividade sindical atual não consegue alcançar os objetivos almejados pelos trabalhadores. Hoje os trabalhadores não almejam apenas aumento de salário e segurança no emprego. Suas necessidades são outras. As conquistas passam pela qualificação profissional, pela garantia de emprego, segurança do trabalho e referem-se ao salário. A discussão gira em torno apenas de reposições salariais, questões que não exigem medidas drásticas como a deflagração de greve, e sim ações sindicais inteligentes que culminem em negociações coletivas eficientes e garantidoras para os representados.

Wagner Giglio, comentando sobre a atuação sindical em tempo de crise, corretamente afirma que "o primeiro desafio talvez seja o da reestruturação interna: ao lado de líderes sindicais carismáticos, os órgãos sindicais deverão manter uma assessoria econômica, de política e administração empresarial e até, possivelmente, assessores em ergonomia, tecnologia e outras matérias afins".[20]

---

(19) ROMITA, Arion Sayão. A globalização da economia e o poder dos sindicatos. *Revista de Direito do Trabalho*, ano 28, n. 105, jan./mar. 2002.
(20) GIGLIO, Wagner. O sindicalismo diante da crise. Revista *Justiça do Trabalho*, ano 20, n. 235, jul. 2003. p. 13.

Oscar Ermida Uriarte alerta que o sindicato tradicional apresenta dimensão local, é habilitado apenas para negociar com empresas desse mesmo âmbito ou, no máximo, de abrangência nacional. Torna-se inviável para tais sindicatos discutir em pé de igualdade com empresas multinacionais, em razão das possibilidades de flexibilização, de transferências de capital e de tecnologia e até de traslados de estabelecimentos.[21]

Desse modo, os estudos e as pesquisas realizadas apontam para a necessidade imprescindível de os sindicatos reorganizarem-se e prepararem-se, também, por causa da internacionalização da economia, tornando-se mais representativos.

A esse respeito, Wagner Giglio escreveu que:

> (...) a Solução para esse problema foi antecipada pelo art. 5º da Convenção Internacional do Trabalho n. 87, que assegura aos sindicatos o direito de se associarem a organizações internacionais. As dificuldades para concretizar essa internacionalização dos sindicatos, porém, são grandes: além da divergência de interesses dos trabalhadores de países diferentes, enfrentam eles a diversidade ideológica de federações internacionais e o obstáculo das legislações nacionais que, contrariando a Convenção n. 87, proíbem a filiação internacional.[22]

Kjeld Aagaard Jakobsen[23], ao tratar do assunto, levanta a preocupação com o papel a ser desempenhado pelos sindicatos e pelas centrais sindicais, fazendo o seguinte questionamento: "Resta saber se as centrais sindicais e os sindicatos serão capazes de mobilizar sua base em defesa de regulamentações supranacionais lidando com temas aparentemente tão distantes do dia a dia dos locais de trabalho".[24]

Após a breve explanação sobre os problemas enfrentados pelas organizações sindicais no que diz respeito à representatividade sindical, faz-se necessário discutir sobre as principais reformas propostas pelo governo, já que, uma vez aprovadas, irão afetar profundamente a estrutura sindical brasileira e, com certeza, muitos dos questionamentos antes descritos virão à tona, apontando para as soluções e o fortalecimento dos sindicatos.

Nesse contexto, para que haja uma representatividade sindical efetiva, é necessário que o sindicato saia dessa situação defensiva e vá à busca de uma ação sindical que dê respostas às necessidades imediatas do novo mundo do trabalho.[25]

---

(21) URIARTE, Oscar Ermida. *Empresas multinacionales y derecho laboral*. Montevideo: Amalio Fernandez, 1981. p. 18.
(22) GIGLIO, Wagner. O sindicalismo diante da crise. Revista *Justiça do Trabalho*, ano 20, n. 235, jul. 2003. p. 13.
(23) Secretário de Relações Internacionais da CUT.
(24) JAKOBSEN, Kjeld A. O movimento sindical, integração econômica e acordos de comércio. In: LORENZETTI, Jorge; VIGEVANI, Tullo (Coords.). *Globalização e integração regional*: atitudes sindicais e impactos sociais. São Paulo: LTr, 2004. p. 101.
(25) ANTUNES, Ricardo. *Adeus ao trabalho?* 5. ed. Ensaio sobre as metamorfoses e a centralidade do mundo do trabalho. São Paulo: Cortez, 1998. p. 153-154.

5.3. Propostas apresentadas para reforma sindical brasileira

Conforme visto, as principais propostas para a reforma sindical referem-se: à sua alteração na legislação, no que diz respeito à organização e à sustentação financeira das entidades sindicais de trabalhadores, impondo critérios gerais de organização; à alteração nos estatutos dos sindicatos, na estrutura e âmbito de representação; à forma de organização e de sustentação financeira das entidades sindicais de empregadores; e, principalmente, aos critérios de representatividade para o reconhecimento das entidades sindicais dos trabalhadores e empregadores, conforme Relatório Final do Fórum Nacional do Trabalho.[26]

Dentre os diversos temas polêmicos sobre a reforma sindical, destacamos alguns, diretamente ligados à representatividade sindical:

1) A liberdade e a autonomia sindical com base nas Convenções da Organização Internacional do Trabalho, principalmente a n. 87;

2) Modelo de organização sindical, proposta de ratificação das Convenções ns. 87 e 151, 98, 135 e 154, da OIT;

3) Representação dos trabalhadores, a partir dos locais de trabalho;

4) A extinção da contribuição sindical (imposto sindical) e das contribuições confederativa e assistencial;

Analisando as propostas apresentadas pelas centrais sindicais, constata-se que as centrais têm-se mostrado favoráveis às mudanças. Esse tem sido o discurso da Central Única dos Trabalhadores – CUT, em diversas publicações sobre a matéria.[27]

Tanto a CUT como a Força Sindical concordam. Esse tem sido o discurso das duas centrais, com a ratificação da Convenção n. 87 da OIT: apóiam o modelo pluralista e são favoráveis às reformas sindicais, com algumas restrições, as quais remetem a equívocos e contradições, sendo uma delas referente ao sindicato de empresa. As duas centrais se opõem ao sindicato de empresa e este faz parte do sistema de liberdades e garantias sindicais, previstas na reforma.

O debate sobre as reformas, no que tange à pluralidade ou à unicidade, encontra-se acirrado. Para os defensores do pluralismo, pelo menos um argumento é decisivo: a unicidade seria herdeira direta do corporativismo da Itália fascista e hoje só existe no Brasil. Para os defensores da unicidade, existe um ponto favorável: todos concordam que a divisão dos trabalhadores em nada os favorece.

Os empregadores sentem-se inseguros com a possibilidade de ter, dentro de suas empresas (ou setores), vários sindicatos de empregados, o que aumentaria ainda mais a

---

(26) BRASIL. FÓRUM NACIONAL DO TRABALHO. Reforma sindical – Relatório Final. Ministério do Trabalho e Emprego, Secretaria de Relações do Trabalho, Brasília, 2004.
(27) MARINHO, Luiz. *Reforma sindical:* avanço nas relações capital-trabalho. Disponível em: <http:/ipea.mercado de trabalho> Acesso em: 23 maio 2004.

heterogeneidade hoje determinada pela presença das categorias diferenciadas. Os empregados ficam em dúvida a respeito de a quem dirigir seus pleitos ou o que fazer se seu sindicato for preterido em razão de representatividade atribuída a outro sindicato.[28]

Estudos mostram também que apesar da aparente unanimidade em favor de um regime de maior liberdade para criar e administrar sindicatos, as pessoas tendem a recuar ou reformular suas posições quando começam a enfrentar as intrincadas complexidades da passagem do atual sistema da unicidade sindical, com contribuição compulsória, para o sistema de pluralidade com contribuição voluntária. Só então elas se dão conta da longevidade da engenharia social de Getúlio Vargas ao montar o sistema atual.[29]

Nesse contexto, pode-se dizer que, sobre a reforma sindical e trabalhista, no que diz respeito ao princípio da unicidade sindical, se encontra de um lado o governo que pressupõe a quebra do princípio da unicidade e do outro, os sindicalistas que entendem que a Constituição de 1988 já desatrelou o sindicalismo do governo e do Ministério do Trabalho, acreditando, assim, encontrar-se já consagrado o princípio da liberdade e autonomia sindical, razão pela qual não veem motivos para a quebra da unicidade sindical.[30]

Segundo David Torres e Moacir Longo:

> (...) o governo quer superar essa questão da legislação sindical para poder ratificar a Convenção n. 87 da OIT, Organização Internacional do Trabalho, que só admite, na Convenção, países que consagram a liberdade e a autonomia para os trabalhadores organizarem-se de maneira que acharem melhor.[31]

Trata-se da já mencionada resistência em se romper com as amarras do modelo existente. É mais fácil permanecer da forma como está; pode até não ser a melhor, mas se está caminhando, então, para que mexer?

A socióloga Obdulia Taboadela, expondo sobre a baixa taxa de filiação sindical no modelo espanhol, tão bem nos mostra esse fenômeno da resistência às mudanças ao novo. Diz a autora que "a resposta às condições de transformação rápida do mundo pelos sindicatos parece ser a permanência cultural".[32]

Apesar de sua cultura histórica, e de um certo radicalismo verbal, o certo é que os sindicatos de classe têm uma conduta razoável, ainda discutível, e não estamos ante grupos revolucionários. "Isso estabelece uma fratura entre a cultura ideológica do sindicato e sua ação diária, que é moderada e reformista, por mais que em certas ocasiões possa parecer radical, vista contra o fundamento de uma situação política e econômica tão especial como a espanhola de hoje".[33]

---

(28) PASTORE, José. *Reforma sindical* – para onde o Brasil quer ir? São Paulo: LTr, 2003. p. 8.
(29) Idem.
(30) LONGO, Moacir; TORRES, David. *Reformas para desenvolver o Brasil*. São Paulo: Nobel, 2003. p. 129-130.
(31) Idem.
(32) TABOADELA, Obdulia. *La evolución de la afiliación sindical en España y la cultura histórica de los sindicatos*. Disponível em: <http://www.bib.uab.es/pub/papers/02102862n54p49.pdf> Acesso em: 14 dez. 2004.
(33) Idem.

Não há como negar que a pluralidade se opõe à unicidade. Sua consagração está na Convenção n. 87, aprovada em 1948 pela Conferência Internacional do Trabalho – OIT.

Conforme bem explica João Batista Brito Pereira, "a unicidade sindical impede o surgimento do sindicato a partir da liderança, daí esse modelo estar a merecer reformas para ceder lugar à pluralidade sindical, devendo a representação da categoria ser atribuída à entidade de maior representatividade".[34]

Porém, faz-se necessário questionar se a pluralidade sindical significa realmente liberdade sindical. É o caso da exclusão das múltiplas associações existentes para privilegiar a mais representativa.

Nesse aspecto, o governo, no seu projeto de reformas, define novos critérios para estrutura sindical, no âmbito da representação e da representatividade sindical, prevendo inclusive critérios a serem utilizados durante o período de transição.

Nesse quadro de pluralidade, importa saber como ocorre a escolha do sindicato mais representativo.

Sobre sindicato mais representativo, há que se observar que nem sempre ele irá desempenhar um papel social de representatividade, por exemplo, nas negociações coletivas de trabalho ou na solução de conflitos, assistindo razão ao estudioso do assunto, José Carlos Arouca, ao alertar que:

> (...) no regime da plena liberdade sindical, conforme o modelo da Convenção n. 87, o sindicato mais representativo não exclui a possibilidade de múltiplas organizações concorrentes, pretendendo todas representar um mesmo grupo profissional e até os empregados de uma única empresa ou mesmo os exercentes de determinada profissão.[35]

Ainda segundo o autor:

> (...) o equívoco daqueles que defendem a pluralidade, a pretexto de a unicidade ter multiplicado extraordinariamente o número de sindicatos, muitas vezes inexpressivos, está em negar ou esquecer que o sistema permitirá uma quantidade quase infinita de associações dentro de uma mesma categoria, numa região ou numa só empresa.[36]

Desse modo, necessário se faz assinalar a importância da determinação do sindicato mais representativo para efeito de negociações coletivas.

Nesse aspecto, é forçoso reconhecer que dificilmente uma lei poderia fixar todos os elementos determinantes da maior representatividade.

---

(34) PEREIRA, João Batista Brito. O sindicalismo no Brasil. Uma proposta para o seu fortalecimento. In: GIORDANI, Francisco Alberto da Motta Peixoto; VIDOTTI, Tárcio José (Coords.). *Direito coletivo do trabalho em uma sociedade pós-industrial*. São Paulo: LTr, 2003. p. 291.
(35) AROUCA, José Carlos. *Repensando o sindicato*. São Paulo: LTr, 1998. p. 505.
(36) *Ibidem*, p. 505.

O Comitê de Liberdade Sindical da OIT prevê a figura do sindicato mais representativo, existente em alguns países desenvolvidos; porém, segundo adverte José Carlos Arouca, tal sindicato só tem relevo por ocasião das negociações coletivas, quando então o unitarismo substitui a pluralidade. Aí, apenas um sindicato representará o conjunto dos trabalhadores, das empresas ou da classe na região envolvida.[37]

É o que ocorre com o movimento sindical nos países europeus. Mesmo que existam algumas diferenças, a unidade de ação do movimento sindical dá-se durante o processo de negociação coletiva, quando então ocorre uma união entre as centrais, ou entre as centrais mais fortes, a exemplo da Espanha, onde as centrais se unem, ou, no caso da França, onde a união ocorre apenas entre as três centrais mais fortes.

Segundo mostram os estudos, nos países europeus, "há um amadurecimento da unidade de ação entre as centrais sindicais", ainda que essa união não ocorra em toda a base, haja vista os atritos ou mesmo conflitos entre as organizações e filiados das duas principais centrais.[38]

Na Espanha, por exemplo, a união das Centrais ocorre durante o processo de negociação e contratação, tanto do ponto de vista das orientações e diretrizes para a negociação dos contratos como para efeito dessas negociações mais gerais com o governo sobre estabelecimentos de regras para negociação e contratação, bem como sobre o problema das modalidades de contratos.

Desse modo, claro está que a estrutura da representação sindical merece ser revista, repensada, para melhor atender aos desafios do movimento sindical, conforme tão bem observa Dorothee Susanne Rüdiger, ao escrever sobre o tema:

> A própria estrutura de representação de interesses merece ser repensada, não somente em seu sentido vertical, isto é, garantindo a representação de interesses no "chão da fábrica, da loja, do banco...", na empresa e na rede empresarial, como também, no sentido "horizontal", abrangendo interesses de outros segmentos sociais com os quais a rede empresarial mantém relações. Os interesses de empresas fornecedoras, de consumidores e da comunidade em geral atingida por problemas ambientais ou urbanísticos, merecem ser vistos em conjunto com as relações trabalhistas.[39]

Ari Possidonio Beltran, na mesma linha de pensamento, analisando a integração econômica e negociação coletiva, adverte que:

> Tem-se afirmado, com razão, que a negociação coletiva é a mais ampla fonte autônoma do Direito do Trabalho. Tanto é certo que mesmo no plano

---

(37) *Ibidem*, p. 506.
(38) SCHUTTE, Giorgio Romano. Sindicalismo na Europa e sindicalismo europeu. In: FACCIO, Odilon Luís; LORENZETTI, Jorge (Coords.). *Sindicalismo na Europa, Mercosul e Nafta*. São Paulo: LTr, 2000. p. 61.
(39) RÜDIGER, Dorothee Susanne. Emancipação em rede: condições jurídicas para a defesa coletiva dos direitos dos trabalhadores no século XXI. In: GIORDANI, Francisco Alberto da Motta Peixoto; VIDOTTI, Tárcio José (Coords.). *Direito coletivo do trabalho em uma sociedade pós-industrial*. São Paulo: LTr, 2003. p. 75.

internacional tem merecido as maiores atenções da Organização Internacional do Trabalho, através das Covenções ns. 98 e 154, bem assim pela Recomendação n. 163 e deliberações do Comitê de Liberdade Sindical.[40]

Não se pode negar que os efeitos da globalização da economia são projetados sobre o movimento sindical, restringindo e reduzindo o poder que o sindicalismo combativo tradicionalmente exerce no mundo das relações do trabalho.[41]

Para Mauricio Godinho Delgado, a transição democrática somente seria completada com a adoção de medidas harmônicas e combinadas no sistema constitucional e legal brasileiro: não apenas a plena suplantação dos traços corporativistas e autoritários do velho modelo sindical, como também, na mesma intensidade, o implemento de medidas eficazes de proteção à estruturação e à atuação democráticas do sindicalismo no País.[42]

Registra-se que não há, pois, qualquer contradição entre o implemento de plena liberdade e autonomia ao sindicalismo, com a presença de garantias legais, claras e inequívocas, aptas a assegurarem a mais transparente legitimidade representativa sindical e o mais eficaz dinamismo reivindicatório das entidades sindicais obreiras.[43]

Segundo Márcio Pochmann, o enfraquecimento das organizações sindicais, com redução de filiados e da quantidade de greve, assim como com a fragmentação e a pulverização das convenções coletivas de trabalho, deve-se ao fato de que:

> (...) se a Constituição de 1988 criou condições para melhor estruturação das organizações sindicais, com independência e autonomia do Estado e ainda mais presentes nos locais de trabalho, o processo de reconvenção econômica conduzido pelas políticas neoliberais desde 1990 apontou para a desestruturação do mercado de trabalho.[44]

Conforme explica Jean-Michel Servais, "o gozo de outras liberdades públicas tem ainda uma importância toda especial para o exercício dos direitos sindicais, quais sejam: liberdade de expressão (liberdade da imprensa sindical e liberdade de expressão); direito de reunião (pública ou privada); inviolabilidade das instalações sindicais (ressalvadas as buscas, desde que conduzidas, nos casos autorizados por lei, por mandado de autoridade judiciária); e segredo de correspondência e das conversações sindicais (telefônicas e outras)".[45]

---

(40) BELTRAN, Ari Possidonio. *Os impactos da integração econômica no direito do trabalho*: globalização e direitos sociais. São Paulo: LTr, 1998. p. 343.
(41) ROMITA, Arion Sayão. A globalização da economia e o poder dos sindicatos. *Revista de Direito do Trabalho*, ano 28, n. 105, jan./mar. 2002.
(42) DELGADO, Mauricio Godinho. *Curso de direito do trabalho*. 2. ed. São Paulo: LTr, 2003. p. 1.325.
(43) *Ibidem*, p. 1.324.
(44) POCHMANN, Márcio. *Relações de trabalho e padrões de organização sindical no Brasil*. São Paulo: LTr, 2003. p. 109.
(45) SERVAIS, Jean-Michel. *Elementos de direito internacional e comparado do trabalho*. Tradução: Edílson Alkmin Cunha. São Paulo: LTr, 2001. p. 54.

CONSIDERAÇÕES FINAIS

O progresso das relações sociais depende da atuação esclarecida dos sindicatos no desempenho da função que lhes é inerente e indelegável, ou seja, a função de defender a dignidade do trabalho, com base no espírito de solidariedade e numa atuação que só será efetiva por meio de sindicatos fortes e representativos.

A crise não é só do sindicato e nem se restringe ao Brasil; não é apenas dos trabalhadores; é ideológica, universal; é do sistema político.

Não se pode chegar ao extremo de afirmar que o sindicato está com os dias contados, afinal ele constitui elemento indispensável à vida do Estado contemporâneo, de índole democrática. É um fenômeno político e, como tal, deve ser estudado.

O movimento sindical brasileiro já atravessou muitas fases difíceis e sempre encontrou caminhos para desempenhar seu papel, ainda que não fosse da melhor forma, mas nunca se deixou abater, razão pela qual, certamente, não será neste momento tão importante da vida econômica e social do País que ele irá sucumbir.

Entretanto, faz-se necessário que o movimento sindical evolua, que ele rompa com as amarras de seu velho modelo e encare os novos desafios, propostos pela globalização e pela reforma sindical, anunciada pelo Governo Federal e discutida no Fórum Nacional do Trabalho.

Apesar de todo o contexto apresentado, dos inúmeros desafios a serem enfrentados, sem sombra de dúvidas são os sindicatos os sujeitos do Direito Coletivo do Trabalho, ser coletivo por excelência.

O enfraquecimento do poder sindical pode ser verificado nas quedas das taxas de filiação, causadas pela redução dos postos de trabalho, pela descentralização da produção, mediante contratações atípicas (tempo determinado, parcial, domicílio, etc.) e traz novos desafios, principalmente, para os sindicatos brasileiros, haja vista a sua forma de organização, que se dá por categorias, de modo a dificultar o acesso aos trabalhadores inseridos nesse novo mundo do trabalho.

Desse modo, o pensamento e a prática sindical, voltados para os direitos individuais, herdados dos anos 1930, não podem mais permanecer. O futuro sindicalismo deve ser pautado em reivindicações coletivas, voltadas para as conquistas coletivas, que venham a fortalecer o sindicato, tornando-o verdadeiramente representativo, para que ele possa, de fato, exercer o importante papel que deve ter na sociedade.

REFERÊNCIAS BIBLIOGRÁFICAS

ANTUNES, Ricardo. *O que é sindicalismo*. São Paulo: Brasiliense, 1981.

_____. *Adeus ao trabalho?* 5. ed. Ensaio sobre as metamorfoses e a centralidade do mundo do trabalho. São Paulo: Cortez, 1998.

AROUCA, José Carlos. *Repensando o sindicato*. São Paulo: LTr, 1998.

AZEVEDO, José Affonso Mendonça de. *A Constituição Federal interpretada pelo Supremo Tribunal*. Rio de Janeiro: Tipografia da *Revista do Supremo Tribunal*, 1925.

BABACE, Héctor. *A representatividade sindical*. Montevidéu: Fundação de Cultura Universitária, 1993.

BATALHA, Wilson de Souza Campos. *Sindicatos, sindicalismo*. São Paulo: LTr, 1992.

BELTRAN, Ari Possidonio. O*s impactos da integraçãao econômica no direito do trabalho:* globalização e direitos sociais. São Paulo: LTr, 1998.

BOITO JR., Armando. A crise do sindicalismo. In: SANTANA, Marco Aurélio; RAMALHO, José Ricardo (Orgs.). *Além da fábrica*. São Paulo: Boitempo, 2003.

_____. *O sindicalismo de Estado no Brasil*. São Paulo: Hucitec/Unicamp, 1991.

BORTOLOTTO, Roberto Rudimar. *Os aspectos da representatividade no atual direito sindical brasileiro*. São Paulo: LTr, 2001.

BOUZA, Fermín. *La opinión pública interior en un sindicato histórico de clase:* paradojas de la reminiscencia y modelos cognitvos. Disponível em: <http:/www.bib.uab.es/pub/papers/02102862n54p49.pdf> Acesso em: 14 dez. 2004.

BRANCA, Giorgio. *L'associazione sindacale*. Milano: Giuffré, 1960. p. 124, *apud*: BABACE, Héctor. *A representatividade sindical*. Montevidéu: Fundação de Cultura Universitária, 1993.

BRASIL. Consolidação das Leis do Trabalho – CLT. São Paulo: Saraiva, 2005.

BRASIL. Constituição da República Federativa do Brasil de 1988. 2005.

BRASIL. Organização Internacional do Trabalho no Brasil. Ministério do Trabalho. A Liberdade Sindical. São Paulo: LTr, 1993.

BRITO FILHO, José Cláudio Monteiro de. *Direito sindical* – análise do modelo brasileiro de relações coletivas de trabalho à luz do direito comparado e da doutrina da OIT – proposta de inserção da comissão de empresa. São Paulo: LTr, 2000.

CALVETE, Cássio. *Estudo da relação entre as estruturas sindicais e as formas de organização do processo de produção.* Disponível em: <www.abphe.org.br/congresso2003/textos> Acesso em: 25 jan. 2005.

CARDOSO, Adalberto Moreira. Os sindicatos e a segurança socioeconômica no Brasil. In: SANTANA, Marco Aurélio; RAMALHO, José Ricardo (orgs.). *Além da fábrica.* São Paulo: Boitempo, 2003.

CASTRO, Maria Sílvia Portella de. Movimento sindical no Mercosul: trajetória e perspectiva de ação. In: LORENZETTI, Jorge; FACCIO, Odilon Luís (Orgs.). *O sindicalismo na Europa, Mercosul e Nafta.* São Paulo: LTr, 2000. p. 69.

DELGADO, Mauricio Godinho. *Curso de direito do trabalho.* 2. ed. São Paulo: LTr, 2003.

_____. *Curso de direito do trabalho.* 7. ed. São Paulo: LTr, 2008.

_____. *Direito coletivo do trabalho.* 3. ed. São Paulo: LTr, 2008..

FERREIRA, Tatiana. Algunas reflexiones sobre los efectos del convenio colectivo em los contratos individuales. In: *Veintitres estudios sobre convenios colectivos.* Montevideo: Fundação de Cultura Universitária, 1988.

FOLCH, Alejandro Gallart. *El sindicalismo como fenômeno social y como problema jurídico.* Victor P. de Zavalia – Editor, Buenos Aires, ejemplar n. 88.

FÓRUM NACIONAL DO TRABALHO. Reforma sindical – Relatório Final. Ministério do Trabalho e Emprego, Secretaria de Relações do Trabalho, Brasília, 2004.

FRANCO FILHO, Georgenor de Sousa. *Liberdade sindical e direito de greve no direito comparado.* São Paulo: LTr, 1992.

FRENCH, John D. *Afogados em leis* – a CLT e a cultura política dos trabalhadores brasileiros. Tradução: Paulo Fontes. São Paulo: Fundação Perseu Abramo, 2001.

GALANTINO, Luisa. *Direito sindicale.* Torino: G. Giappichelli, 1996.

GIANNINI, Massimo. *Direito administrativo.* Milão: Giuffré, 1970. vol. I, p. 281, *apud:* BABACE, Héctor. *A representatividade sindical.* Montevidéu: Fundação de Cultura Universitária, 1993.

GIGLIO, Wagner. O sindicalismo diante da crise. Revista *Justiça do Trabalho,* ano 20, n. 235, jul. 2003.

GIUGNI, Gino. *Direito sindical.* Tradução; Eiko Lúcia Itioka. São Paulo: LTr, 1991.

GOMES, Angela de Castro. *A invenção do trabalhismo.* 2. ed. Rio de Janeiro: Dumará, 1994.

GOMES, Orlando. *O sindicalismo no Brasil.* Rio de Janeiro: Forense, 2004.

GOTTSCHALK, Elson. *O sindicalismo no Brasil.* Rio de Janeiro: Forense, 2004.

GRANDI, Mário. Los atores de la contratación colectiva. In: CONGRESO MUNDIAL DE DERECHO DEL TRABAJO Y DE LA SEGURIDAD SOCIAL, 17., 2003, Montevideo.

HAZAN, Ellen M. Ferraz. *Direito do trabalho, evolução, crise, perspectivas*. São Paulo: LTr, 2004.

HOBSBAWM, Eric J. *A era das revoluções*. Tradução: Maria Tereza Lopes Teixeira e Marcos Penchel. 2. ed. São Paulo: Paz e Terra, 1979.

_____. *Mundos do trabalho* – novos estudos sobre história operária. 2. ed. São Paulo: Paz e Terra, 1988. Tradução de: Worlds of labour – further studies in the history of labour.

HUBERMAN, Leo. *História da riqueza do homem*. Tradução: Waltensir Dutra. 21. ed. Rio de Janeiro: LTC, 1986.

IBGE. Pesquisa Sindical (2002a) sobre número de sindicatos e de associados, sobre taxa de sindicalização, e de negociações coletivas de trabalho. Disponível em: <http//www.ibge.gov.br/home/estatistica> Acesso em: 14 dez. 2004.

JAKOBSEN, Kjeld A. O movimento sindical, integração econômica e acordos de comércio. In: LORENZETTI, Jorge; VIGEVANI, Tullo (Coords.). *Globalização e integração regional:* atitudes sindicais e impactos sociais. São Paulo: LTr, 2004.

KOENIG, Samuel. *Elementos de sociologia*. Tradução: Vera Borba. 3. ed. Rio de Janeiro: Zahar, 1974.

LAIMER, Adriano Guedes. *O novo papel dos sindicatos*. São Paulo: LTr, 2003.

LASSALLE, Ferdinand. *O que é uma Constituição?* Tradução: Hiltomar Martins Oliveira. Belo Horizonte: Cultura Jurídica – Ed. Líder, 2004.

LEARTH, Terezinha. *Globalização da economia e direito do trabalho* – impactos e desafios. Disponível em: <http:/www.trt13.gov.br/revista/revista9/learth> Acesso em: 19 dez. 2004.

LETTIERI, Antonio. Notas sobre a globalização e sua ideologia. Tradução: Mabel Malheiros Bellati. In: LORENZETTI, Jorge; VIGEVANI, Tullo (Coords.). *Globalização e integração regional:* atitudes sindicais e impactos sociais. São Paulo: LTr, 1998.

LIMA, Otávio Augusto Custódio de. Negociação coletiva: um caminho para flexibilização. p. 80. In: RÜDIGER, Dorothee Susanne (Coord.). *Tendências do direito do trabalho para o século XXI* – globalização, descentralização produtiva e novo contratualismo. São Paulo: LTr, 1999.

LOGUERCIO, José Eymard. *Pluralidade sindical*: da legalidade à legitimidade no sistema sindical brasileiro. São Paulo: LTr, 2000.

LONGO, Moacir; TORRES, David. *Reformas para desenvolver o Brasil*. São Paulo: Nobel, 2003.

MANNRICH, Nelson. A administração pública do trabalho em face da autonomia privada coletiva. In: MALLET, Estêvão; ROBORTELLA, Luiz Carlos Amorin (Coords.). *Direito e processo do trabalho:* estudos em homenagem a Octavio Bueno Magano. São Paulo: LTr, 1996.

MANSUETI, Hugo Roberto. Organização sindical no Mercosul. Tradução: Yone Frediani. In: FREDIANI, Yone; ZAINAGHI, Domingos Sávio (Coords.). *Relações de direito coletivo Brasil-Itália*. São Paulo: LTr, 2004. p. 49.

MARINHO, Luiz. *Reforma sindical:* avanço nas relações capital-trabalho. Disponível em: <http:/ipea.mercado de trabalho> Acesso em: 23 maio 2004.

MISAILIDIS, Mirta Lerena de. *Os desafios do sindicalismo brasileiro diante das atuais tendências*. São Paulo: LTr, 2001.

MORAES, Antonio Carlos Flores de. *Introdução ao direito do trabalho*. 9. ed. São Paulo: LTr, 2002.

NASCIMENTO, Amauri Mascaro. A autonomia coletiva como fonte do direito do trabalho na América Latina. *Revista LTr*, 59-01/14.

_____. Liberdade sindical na perspectiva do direito legislado brasileiro. In: FREDIANI, Yone; ZAINAGHI, Domingos Sávio (Coords.). *Relações de direito coletivo Brasil-Itália*. São Paulo: LTr, 2004.

_____. *História do trabalho, do direito do trabalho e da justiça do trabalho*. São Paulo: LTr, 1998.

_____. A legalização das centrais. *Revista da Academia Nacional de Direito do Trabalho*, São Paulo, ano XVI, n. 16, p. 89-94, 2008.

PASTORE, José. *Reforma sindical* – para onde o Brasil quer ir? São Paulo: LTr, 2003.

_____. *A evolução do trabalho humano*. São Paulo: LTr, 2001.

PEREIRA, Armand (editor); FREIRE, Luciene; LAGANA, Lizzie (Cols). *Cooperativas*: mudanças, oportunidades e desafios. Brasília: OIT, 2001.

PEREIRA, João Batista Brito. O sindicalismo no Brasil. Uma proposta para o seu fortalecimento. In: GIORDANI, Francisco Alberto da Motta Peixoto; VIDOTTI, Tárcio José (Coords.). *Direito coletivo do trabalho em uma sociedade pós-industrial*. São Paulo: LTr, 2003.

PERONE, Giancarlo. A liberdade sindical na Itália. Tradução: Yone Frediani. In: FREDIANI, Yone; ZAINAGHI, Domingos Sávio (Coords.). *Relações de direito coletivo Brasil-Itália*. São Paulo: LTr, 2004. p. 54.

POCHMANN, Márcio. *Relações de trabalho e padrões de organização sindical no Brasil*. São Paulo: LTr, 2003.

RODRIGUES, José Albertino. *Sindicato e desenvolvimento no Brasil*. São Paulo: Difel, 1968. (Coleção Corpo e Alma do Brasil)

ROMITA, Arion Sayão. A globalização da economia e o poder dos sindicatos. *Revista de Direito do Trabalho*, ano 28, n. 105, jan./mar. 2002.

ROZICKI, Cristiane. *Noções sobre direitos fundamentais do homem e alguns aspectos de uma de suas categorias*. Disponível em: <www.serrano.neves.nom.br/cgd/010601/2ª.022.htm> Acesso em: 25 jan. 2005.

_____. *Aspectos da liberdade sindical*. São Paulo: LTr, 1998.

RÜDIGER, Dorothee Susanne. Emancipação em rede: condições jurídicas para a defesa coletiva dos direitos dos trabalhadores no século XXI. In: GIORDANI, Francisco Alberto da Motta Peixoto; VIDOTTI, Tárcio José (Coords.). *Direito coletivo do trabalho em uma sociedade pós-industrial*. São Paulo: LTr, 2003.

RUSSOMANO, Mozart Victor. *Princípios gerais de direito sindical*. Rio de Janeiro: Forense, 1998.

_____. *Princípios gerais de direito sindical*. 2. ed. Rio de Janeiro: Forense, 2002.

_____. *Curso de direito do trabalho*. 9. ed. Curitiba: Juruá, 2002.

SCHUTTE, Giorgio Romano. Sindicalismo na Europa e sindicalismo europeu. In: FACCIO, Odilon Luís; LORENZETTI, Jorge (Coords.). *Sindicalismo na Europa, Mercosul e Nafta*. São Paulo: LTr, 2000.

SERVAIS, Jean-Michel. *Elementos de direito internacional e comparado do trabalho*. Tradução: Edílson Alkmin Cunha. São Paulo: LTr, 2001.

SINGER, Paul. Para além do neoliberalismo: a saga do capitalismo contemporâneo. Revista *São Paulo em Perspectiva*, Capitalismo: Teoria e Dinâmica Atual, São Paulo, v. 12, n. 2, abr./jun. 1998.

SIQUEIRA NETO, José Francisco. *Liberdade sindical e representação dos trabalhadores nos locais de trabalho*. São Paulo: LTr, 2000.

SUPPER, Erich. As implicações da globalização para o investimento, o emprego, a renda e a exclusão social. Tradução: Leila Brum. In: LORENZETTI, Jorge; VIGEVANI, Tullo (Coords.). *Globalização e integração regional:* atitudes sindicais e impactos sociais. São Paulo: LTr, 1998.

SÜSSEKIND, Arnaldo. *Direito constitucional do trabalho*. 2. ed. Rio de Janeiro: Renovar, 2001.

_____. *Instituições de direito do trabalho*. São Paulo: LTr, 2005.

TABOADELA, Obdulia. *La evolución de la afiliación sindical en España y la cultura histórica de los sindicatos*. Disponível em: <http://www.bib.uab.es/pub/papers/02102862n54p49.pdf> Acesso em: 14 dez. 2004.

URIARTE, Oscar Ermida. *Empresas multinacionales y derecho laboral*. Montevideo: Amalio Fernandez, 1981.

VENEZIANI, Bruno. *Stato e autonomia colletiva*. Diritto sindacale italiano e comparato. Bari: Cacucci Editore, 1992, *apud:* SIQUEIRA NETO. José Francisco. *Liberdade sindical e representação dos trabalhadores nos locais de trabalho*. São Paulo: LTr, 2000.

VIANNA, Oliveira. *Problemas de direito sindical*. Rio de Janeiro: Max Limonad. v. 1.